KB013793

법률 천재가 된
홍 대리

법률 천재가 된 홍대리

가 된

홍대리

세상에서 가장 쉽고 재미있는 생활 속 법률 상식

김향훈 · 최영빈
지음

다산
북

"법률은 그저
'최소한의' 생활 규칙입니다!"

변호사로 일한 지 만 15년이 지났습니다. 처음에는 법률이라는 게 뭔가 대단히 심오한 것인 줄 알았습니다. 그러나 시간이 갈수록 '별것 아니구나!' 하는 생각이 들었습니다. 법률은 그저 '생활 규칙'일 뿐이었고, 그 규칙은 주변 상황에 따라 수시로 바뀌었습니다. 누가 이 '법률'을 심오하다고 했는지요. 법률로 밥 벌어먹고 살려는 사람들이나, 법률을 통해 지금의 사회질서를 유지하고 그 안에서 이익을 얻고자 하는 사람들일 것입니다. 저는 크게 세 가지 관점으로 법률을 생각합니다.

첫째, 다시 강조하지만 법률은 그저 '규칙'일 뿐입니다. '고속도로에서는 제한속도 120km를 지켜야 한다'든가 '혈중알코올농도 0.03%면 운전면허가 정지된다' 같은 규칙입니다. 결코 '모세의 십

계명'처럼 불가침의 규율이 아닌 것입니다. 규칙은 언제라도 바뀔 수 있습니다. 그렇지만 바뀌기 전에는 반드시 지켜져야 합니다. 그러지 않으면 사회가 혼란스러워지기 때문입니다.

둘째, 법률은 '의복'입니다. 신체는 성장 과정에 따라, 생활 패턴에 따라 키가 크기도 하고 살이 찌기도 하는 등 계속 바뀌어갑니다. 하지만 옷이 그대로라면 당연히 불편해집니다. 몸이 바뀜에 따라 의복도 바뀌어야 하는 것이지요. 이렇게 간단한 진실에 빗대어 누군가는 "법률은 바꾸라고 있는 것이다!"라고 설파합니다. 하지만 바뀌기 전에는 '지켜져야' 합니다. 그러지 않으면 무법자만 이득을 보게 됩니다.

셋째, 법률이 몸에 맞지 않으면 우리는 새로운 '판례'를 만들어내야 합니다. 법률은 의복 중에서도 '기성복'입니다. 만들어진 직후부터 내 몸에 딱 맞지 않습니다. 불편한 옷을 고집하며 입기보다는 곧바로 수선을 맡겨야 합니다. 이때 수선을 맡기는 행위를 바로 변호사가 합니다. 법률은 바꾸라고 있는 것이고 그 법률은 국회가 바꾸지만, 그보다 훨씬 이전부터 변호사가 악을 써야 사법부(법원)가 조금씩은 바꾸어줍니다.

공평하고 타당한 법률이란 무엇일까요? 해답은 의외로 심플합니다. 나의 입장, 상대방의 입장, 그리고 제3자인 국가나 사회의 입장을 모두 고려하여 수긍할 수 있는 결론이면 그것이 곧 법률이요, 판례입니다. 이렇게 세 가지의 입장을 헤아려보기 위해서는 역지사지(易地思之)를 바탕으로 한 상상력이 조금 필요합니다.

변호사는 사고가 발생한 후에야 비로소 투입되는 사람입니다. 그러므로 사건 발생 초기 단계는 잘 알지 못합니다. 우연한 기회에 이 책의 공저자인 대기업 법무팀의 최영빈 팀장을 만났고, 그로부터 사건 발생 직후의 생생한 민낯들을 접하게 되었습니다. 최영빈 팀장의 풍부한 경험은 제게도 매우 많은 영감을 주었습니다. 더불어 이 책의 사례와 법률 검토를 위해 힘써준 법무법인 센트로의 이희창, 이경호, 이수희 변호사에게도 감사드립니다.

아무쪼록 독자 여러분이 이 책으로 법률이라는 딱딱한 주제를 좀 더 말랑말랑하게 접할 수 있기를 바랍니다. 법률을 모르면 손해입니다. 그러므로 꼭 알아두기를 당부합니다. 모든 법을 다 알 수는 없지만, 적어도 법률적인 마인드라도 익혀두는 계기가 되었으면 합니다. 당신의 삶에 반드시 도움이 될 것입니다.

변호사 김향훈

"규칙을 알아야
'인생이란 게임'에서 승리합니다!"

13년 전 수백 개의 대형마트와 슈퍼마켓 지점, 인터넷 쇼핑몰을 갖춘 유통회사 법무팀에 입사하면서, 회사의 로고가 새겨진 커다란 기둥 아래에 '기대 반 걱정 반'으로 사진을 찍던 어린 신입사원이 지금은 법무팀의 리더가 되었습니다. 대형마트에서 판매하는 상품의 수만큼이나 하루에도 무수한 사건, 사고와 자문, 소송 업무를 처리하면서 한 가지 일관되게 느낀 점이 있습니다. 바로 문제를 예방할 수 있는 순간을 놓치지 말아야 한다는 것, 그리고 발생한 문제를 해결하는 데 필요한 도구를 정확히 알고 사용해야 한다는 것입니다.

저뿐만 아니라 국내 대형 로펌에서 수십 년을 근무한 변호사들조차도 어떤 법률에 따라 사안을 검토하고, 사건을 해결하기 위해 어떤 의견을 제시하며, 고객들에게 어떤 조언을 해야 하는지 매 순간 막막함을 느낄 수밖에 없습니다. 하지만 적어도 회사에서 업무 처리 중에 발생하는 사안들은 법이 적용되는 방식을 알고, 그 길목에서 분쟁이 발생하지 않도록 조금만 주의를 기울인다면 충분히 예방할 수 있는 일이 대부분입니다. 그리고 법률적인 문제는 신입사원 때보다 우리 책의 주인공인 홍 대리처럼 이제 막 업무에 익숙해질 시점, 즉 회사에서 기존보다는 조금 큰 업무를 맡았을 때 맞닥뜨릴 가능성이 큽니다.

저는 이 시기에 법이라는 경기 규칙을 익혀서 나의 동료와 후배들이 지혜롭게 성장할 수 있기를 바랐습니다. 이를 위해 틈틈이 교육하며 정리해둔 내용을 부족하지만 책에 담아 보았습니다.

회사마다 상황도 다르고, 사안도 다릅니다. 하지만 법적 분쟁을 예방하고, 발생한 문제를 처리하는 기준은 크게 다르지 않습니다. 그리고 이러한 문제를 얼마나 깔끔하게 처리하느냐 하는 것도 회사 생활에서는 중요한 업무 능력 중 하나라고 생각합니다. 모두들 회사 생활에서 홈런을 치고 싶다고 말합니다. 하지만 홈런보다는 실수를 줄이고, 경기를 즐기는 마음가짐이 더 중요한 가치라고 믿습니다. 이에 부족하지만 지금도 어디에선가 고군분투하고 있을 전국의 모든 '홍 대리'님들께, 이 책이 일하는 방식을 한번 돌아볼 수 있게 하는 계기가 되었으면 합니다.

마지막으로 10년이 넘는 긴 기간 동안 수많은 법적 사안을 처리하며 경험을 쌓을 수 있도록 큰 믿음을 주신 회사 선배님들과 동료들, 한결같이 내 편이 되어준 사랑하는 아내 재화와 애교쟁이 딸 인아, 그리고 제가 너무나도 아끼는 소중한 팀원 김현주 변호사와 양혜인 변호사, 든든한 삶의 지원군 김기표 변호사 및 법무본부 직원들 모두에게 감사하다는 말을 드리고 싶습니다. 책 작업에 함께 힘써주신 김향훈 변호사님도 고맙습니다.

최영빈

 1부 법은 생각보다 가까운 곳에 있다

법, 알면 득! 모르면 독!

3부 법의 머리 위에 올라타라

 4부 우리 안에 잠든 법 정신을 깨우자

법은 생각보다
가까운 곳에 있다

01
모든 일은
갑작스레 찾아온다

"왜 이렇게 할 일이 없는 거야."

홍 대리는 주섬주섬 옷을 입으며 혼잣말을 했다. 오랜만에 부모님 없는 집에서 혼자만의 시간을 좀 누려볼까 했더니, 자유란 것도 그 맛을 아는 사람들에게나 해당되는 말인가 싶었다.

"으, 게다가 혼잣말까지. 안 되겠다. 홍승수."

대학 때부터 지금껏 자취를 하고 있는 친구의 말이 생각났다. 혼자 산 지가 너무 오래돼 이제는 텔레비전과 대화를 하는 경지에 이르렀다고 했다. 부모님이 여행을 가신 2주 동안 외로움에 좀이 쑤셨다고 하면 그 친구는 뭐라고 할까.

'역시 넌 평생 막둥이에서 못 벗어나겠구나. 누가 널 데리고 갈지. 여자가 불쌍하다, 불쌍해.'

친구의 비웃음 소리가 바로 귓전에서 들리는 것 같아 홍 대리는 피식 웃었다.

밖은 칼바람이 불고 있었다. 종종걸음을 치며 지하 주차장으로 내려간 홍 대리는 아버지의 차를 단박에 발견할 수 있었다. 바로 어제 갓 뽑았다고 해도 믿을 만한, 누가 봐도 관리가 잘된 검은색 승용차였다. 홍 대리가 지금 이 차를 끌고 마트에 간다는 사실을 아버지에게 들키기라도 한다면, 아마 당장에라도 달려와 차 키를 빼앗으실 게 분명했다.

아버지는 웬만해서는 자동차를 운전해 마트에 가지를 않는다. 오래전 주차장에 곱게 세워둔 차에 느닷없이 쇼핑카트가 굴러와 부딪힌 일이 화근이었다. 쇼핑카트가 있던 곳에는 약간의 경사가 있었고, 쇼핑카트를 고정하던 고리가 쇼핑카트의 무게를 견디다 못해 결국 자동차의 문짝을 찍어버린 것이었다. 그 뒤로 아버지는 차라리 어머니의 잔소리를 들을지언정 '뚜벅이 생활'로, 되도록 대중교통만을 이용해 어머니의 짐꾼 노릇을 하고 계신다. 부득이 하게 차를 운전해야 할 경우에만 최소한의 물건을 사서 민첩하게 주차장을 빠져나오는 움직임을 보여주는 정도다. 아버지의 지론 으로는 세상에 통 믿을 만한 것이 없었다.

법률 Cafe

마트 주차장에서
쇼핑카트가 갑자기 굴러왔다면?

: 민법, 주차장법

마트 주차장에서 쇼핑카트가 갑자기 굴러와 다쳤다면, 다음과 같이 상황에 따라 판단할 수 있다. 첫째, 마트 주차장에서 쇼핑카트를 관리할 책임이 있는 직원의 고의 또는 과실로 사고가 발생한 경우, 피해자는 그 직원 개인에게 불법행위에 기한 손해배상을 청구할 수 있으며(민법 제750조), 동시에 마트 운영 주체인 회사를 대상으로 사용자책임에 따른 손해배상을 청구할 수 있다(민법 제756조).

둘째, 쇼핑카트가 갑자기 굴러온 것에 대해 마트 측의 책임이 없는 경우도 있다. 가령 제3자가 고의 또는 실수로 쇼핑카트를 굴린 경우다. 이때 마트 직원이나 마트 운영 주체인 회사는 불법 행위에 기한 손해배상 책임을 지지 않는다.

그밖에 제3자가 주차장에서 쇼핑카트에 물건을 꺼내어 담다가 차량에 충격을 준 경우나 쇼핑카트를 끌고 가다가 차량에 흠집을 낸 경우도 해당 가해자가 배상 책임을 져야 한다. 따라서 이 경우 곧바로 차량 블랙박스를 확인하여 증거를 확보해두고, 차량에 흠집이 난 부분도 사진으로 찍어두어야 한다.

참고로 마트 주차장에서 '문콕'을 당했다면 누구에게 배상 책임이 있을까? 이 경우 부주의하게 문콕을 가한 가해 차량의 운행자가 배상 책임을 부담한다. 마트 측에 책임을 물으려면 해당 문콕 사고에 대해 마트 측의 과실도 있어야 하는데, 가해 차량의 운행자가 자동차의 문을 여닫는 행위에 대하여 마트 측의 과실이 있다고는 볼 수 없기 때문이다.

온기가 있는 마트 안으로 들어가자 움츠러들었던 몸이 저절로 펴졌다. 무빙워크를 타고 식품 매장으로 내려갔다. 부모님이 없어 요리를 해 먹기도 귀찮으니, 고기나 구워 먹으면 제격일 듯싶었다. 제일 먼저 쇼핑카트에 고기를 집어넣고 맥주며 이것저것을 주워 담았다. 어머니가 보면 또 먹을 만한 건 하나도 없다며 혀를 찰 게 분명한 것들뿐이었다.

쇼핑카트가 만족할 만큼 채워지자 발걸음이 자연스레 3층으로 향했다. 화장품 코너에서부터 시작해 부엌 용품이며 생활에 필요한 모든 상품이 있는 층이다.

"참새가 방앗간을 그냥 지나치지 못한다"고 하더니. 홍 대리는 지금 근무하고 있는 인터넷 쇼핑몰 운영 회사에 입사한 뒤부터, 실제로 상품을 만져보고 고객들의 반응을 살펴보고자 마트에서 보내는 시간이 길어졌다. 요즘 SNS의 흔한 1인 마켓처럼 아주 작은 규모의 회사는 아니지만, 직원이 50명 남짓밖에 되지 않는 중소기업이기는 하다. 말은 상품개발팀으로 입사했으나, 물류 담당에 소비자 대응 업무까지 일당백을 해야 하는 역할이다.

이전에 다니던 회사는 그래도 직원이 200명은 되는 금고·도어락 제조업체였다. 그곳에서 홍 대리는 상품 납품 관리 업무를 담당했다. 재무 사정은 제법 튼튼했지만, 회사의 전임 사장이 건강상의 이유로 은퇴한 뒤 그 아들이 물려받으면서 점차 휘청거리기 시작했다. 사업을 무리하게 확장하겠다고 여러 가지 상품에 준비 없이 손을 댄 일이, 결국 부메랑이 되어 1년 만에 인원 감축의 바람을 몰고 왔다. 경력직 중에서도 근속 연수가 오래된 경력자나 막 입사한 신입사원이 그 대상이었다. 당시만 해도 2년 차 햇병아리 같던 홍 대리는 그렇게 첫 회사에서 명예퇴직을 당했다.

회사를 옮기며 전혀 다른 일에 맞닥뜨린 홍 대리는 또 2년을 고군분투했다. 처음 1년 동안은 온갖 대형 매장을 뛰어다녔고, 사무실에 있을 때면 별의별 인터넷 쇼핑몰을 다 뒤졌다. 인기가 있다는 상품의 질, 성분, 포장은 물론 홍보, 마케팅까지 전반적인 모든 걸 다 알아야 했다. 제품과 관련한 것을 분석하는 일만으로도 이전에 다니던 회사 업무에 몇 배는 되는 듯했다. 인맥도 중요했다. 중간에 유통을 한 번 거치지 않으면 그만큼의 수익이 고스란히 회사의 이익이 됐다. 따라서 상품 공급업체 관련 사람들을 한 명이라도 더 알아두고 친밀한 관계를 유지하는 일이 그의 업무에서는 필수였다. 이제 3년 차. 대리라는 직함을 달았고, 비로소 회사에서 좀 사람 구실을 하게 되었다.

법률 Cafe

SNS 마켓 피해,
공지사항에 적힌 규정이 정말 다일까?

: 전자상거래 등에서의 소비자보호에 관한 법률(전자상거래법)

'카드 결제 NO', '교환·환불 NO' SNS 1인 마켓이 증가한 만큼 쉽게 볼 수 있는 문구다. 하지만 전자상거래 등에서의 소비자보호에 관한 법률(이하 전자상거래법) 제17조에 따르면 7일 이내 단순 변심으로 인한 청약철회는 가능하다. 이를 청약철회권이라고 한다. 청약철회권은 '편면적 강행규정(계약 당사자 중 어느 한쪽에 대해서만 당사자의 약정보다 앞서는 효력이 있는 것)'으로, 이를 배제하는 취지의 소비자에게 불리한 약정은 무효로 본다(전자상거래법 제35조). 이는 계약자유의 원칙, 자기책임의 원칙에 대한 중대한 예외로, 충동구매로 이어질 가능성이 높은 전자상거래에서 소비자 권리를 보호하기 위해 특별히 인정하는 권리다.

다만, 아래의 경우에는 전자상거래법이 적용되지 않는다.

첫째, 소비자가 아니라 사업자가 상행위를 목적으로 구입하는 거래(전자상거래법 제3조 제1항 본문).

둘째, 법에서 정하는 금융투자 및 증권거래, 일상 생활용품, 음식료 등을 인접 지역에 판매하기 위한 거래(전자상거래법 제3조 제4항).

셋째, 통신판매업자(통신판매를 업으로 하는 자 또는 그와의 약정에 따라 통신판매업무를 수행하는 자)가 아닌 사람 사이의 통신판매 중개를 하는 통신판매업자의 경우(전자상거래법 제3조 제3항)로, 이는 사업자등록 여부와 무관하게 사업자등록이 되어 있지 않아도 상인적인 방법으로 물품을 제조, 판매하는 업이 증명된다면 전자상거래법의 적용 대상이 될 수 있다.

홍 대리는 쇼핑카트를 끌고 자동차용품이 있는 곳으로 갔다. 이제 곧 아버지의 눈치를 보며 차를 얻어 타는 일에서 벗어나, 드디어 새 차를 뽑을 계획이다. 대리를 달고 연봉이 조금 올랐다. 직장에 다니며 품은 첫 번째 숙원 사업을 이루게 된 것이다. 이번에는 적당한 선에서 장만하고, 다음에 조금 더 좋은 차로 바꾸리라. 벌써 다짐도 다 끝났다.

'손잡이에 가죽은 있어야겠지? 방향제, 내비게이션도 따로 달아야 하는데…….'

고민 끝에 자동차용품 서너 가지를 쇼핑카트에 집어넣었다. 콧

노래가 절로 나오면서 발걸음이 가벼워졌다. 쇼핑카트의 바퀴도 물 흐르듯 굴렀다. 계산을 위해 지갑을 여는 데도 얼굴에서 연신 미소가 번졌다. 5층 주차장으로 가기 위해 무빙워크를 탔다. 봉지마다 담긴 물건들에 마음이 그렇게 뿌듯할 수가 없었다. 적어도 '그 사건'이 일어나기 전까지만 해도 말이다.

'마트 사람들이 다 주차장으로 가나. 왜 이렇게 꽉 찼어?'

홍 대리 바로 앞에는 부부가 서 있었다. 남편은 아기를 안고 있고, 아내는 쇼핑카트를 잡고 있었다. 그 앞으로는 젊은 커플과 중년 여성, 휴대폰을 들여다보고 있는 중학생이 차례로 섰고, 맨 앞에서 노부부가 내릴 채비를 하고 있었다. 그 모습을 멀찌감치 바라보던 홍 대리의 시야에 쏜살같이 끼어드는 초등학생이 보였다. 사람들 사이를 막 비집고 들어갔다가 빠져나가는 모습이 꼭 물살을 가르는 미꾸라지 같았다.

"어이쿠! 이 녀석아, 여기에서 뛰면 어떻게 해!"

노부부 중 남자가 소리쳤다.

"그러게 말이야. 사과도 안 하고, 요즘 애들은 참……."

"조심해야지. 도대체 자식 교육을……!"

부부는 들리도록 이야기를 주고받다가 이내 말을 말자는 듯 입을 닫았다. 홍 대리는 허리춤에 대충 걸쳐놓은 양손 중 한 손을 풀어 쇼핑카트 손잡이를 잡았다.

'이러다 무슨 일 나겠네.'

왜 슬픈 예감은 항상 틀린 적이 없나. 순간 무빙워크가 갑자기 멈췄다. 허리춤에 남아 있던 다른 한 손으로 급하게 무빙워크 손잡이를 잡는 바람에 허리가 삐끗했다. 그러고는 앞에 있던 아기 엄마가 넘어지며 홍 대리를 2차 가격했다. 신음을 내뱉으며 고개를 들어보니 현장은 더 아비규환이었다. 아기의 아빠는 앞쪽으로 넘어졌고, 아빠 품에 안겨 있던 아기는 놀라서인지 세게 안겨서인지 울음을 터뜨렸다. 그 앞은 더 가관이었다. 호통을 쳤던 노부부는 막 무빙워크를 벗어나던 찰나였다. 하지만 불행하게도 휴대폰을 보고 있던 중학생이 중심을 잃고 쓰러지며 나이 든 여자의 팔을 붙잡고 말았다. 그 바람에 뒷사람까지 줄줄이 넘어지는 사태가 벌어진 것이다. 어른들의 외마디 비명과 뒤이은 아기의 울음소리가 마트 안을 쩌렁쩌렁 울렸다. 무빙워크에 서 있는 건 쇼핑카트뿐, 탑승자는 모두 넘어져 마트는 순식간에 아수라장이 되었다.

사람들이 몰려왔다. 놀란 사람들의 웅성거림까지 뒤섞여 현장은 더욱 혼란스러웠다. 직원들이 달려오고 서로 119를 부르는 바람에 그야말로 난리 통이었다. 홍 대리는 쇼핑카트에 부딪혔는지 한쪽 다리의 통증이 극심해 겨우 일어섰고, 가장 크게 다친 사람은 무빙워크에서 막 빠져나가려던 나이 지긋한 여자였다. 바닥에서 일어나지를 못하는 여자와 그 와중에 떨어진 휴대폰을 찾아 들

곧 폴짝 일어나 사진을 찍는 중학생 아이. 그의 행동을 보고 구경하던 몇몇 사람들도 덩달아 사진을 찍었다.

"죄송합니다. 곧 119가 도착합니다. 모여 계신 고객님들은 제자리로 돌아가주시면 감사하겠습니다. 그리고 사진 촬영도 자제해주세요!"

직원이 소리를 질렀다. 사람들이 사진 찍는 걸 멈추긴 했지만 이미 몇 장의 사진은 찍혔을 것이다.

다친 사람들은 직원의 도움으로 구급차에 실려 가까운 병원으로 이송되었다. 홍 대리는 다리에 금이 갔다는 소리를 듣고, 보름이나 깁스를 하는 신세가 되었다. 마트를 운영하는 한솔유통에서는 병원으로 직원들을 보내 다친 사람들이 치료를 받을 수 있도록 도왔다.

"당신들 말이야. 어떻게 할 거야? 내 와이프는 걷지도 못해!"

아까 고함쳤던 남자가 또 언성을 높이고 있었다. 그럴 만도 했다. 홍 대리가 봐도 가장 크게 다친 사람은 그의 아내였다.

"고객님 사과드립니다. 진정하십시오."

"내가 진정하게 생겼어?"

"회사에서 최선을 다해 치료하시는 데 불편함이 없도록 조치하겠습니다."

목소리를 키우던 남자가 갑자기 조용해지더니, 누군가를 향해 다시 소리 질렀다.

"야, 너! 남의 팔을 붙잡으면 어떻게 해! 너 때문에 이 사람이 얼마나 많이 다쳤다고? 너는 이렇게 멀쩡한데."

"죄송합니다. 죄송합니다."

중학생 남자아이는 몇 번이나 사과를 했다. 화가 날 대로 난 남자는 그러고도 분이 덜 풀렸는지 다시 한솔유통 직원에게 몰아붙이기를 반복했다.

'살다 살다 이런 일이 생기네. 이 다리로 어떻게 출근하지?'

홍 대리도 그제야 앞으로 회사에 출퇴근할 일이 걱정되었다.

'내가 산 물건은 어떻게 되지? 환불은 해주겠지? 치료비는 당연히 받겠지?'

갖가지 물음이 쏟아졌다.

"고객님, 몸은 좀 괜찮으신가요? 한솔유통 최우빈이라고 합니다."

한 남자가 홍 대리에게 다가와 명함을 내밀었다. 명함에는 '한솔유통 법무팀장'이라고 적혀 있었다. 그는 사건 경위와 궁금한 사항들에 대해 자세히 물었고, 홍 대리는 기억나는 대로 최선을 다해 답해주었다.

"그러니까 갑자기 무빙워크가 멈췄단 말이지요? 혹시 무빙워크 틈에 무언가가 끼어 들어갔다던가, 누군가 장난을 쳤다던가 하는 건 목격하지 못하셨고요?"

"네, 제가 아는 선에서는 그렇습니다. 무빙워크가 멈추기 전에는 초등학생 하나가 사람들 사이를 비집고 뛰어갔는데, 그나마 그 아이 때문에 다들 조심하겠다는 생각이 들었는지, 그냥 서 있던 저도 뭐라도 붙잡게 되더라고요."

최우빈 팀장은 잠시 동안 생각에 잠기더니 휴대폰에 기록을 하곤 홍 대리에게 감사의 인사를 건넸다.

"치료를 받으시는 것과 배상에 관련한 내용에 대해서는 회사에서 곧 별도로 연락을 드릴 것입니다. 다시 한번 이런 불미스러운 일이 일어난 것에 대해 깊이 사과드립니다."

홍 대리는 정중하면서도 분명한 어조로 이야기하는 최우빈 팀장에게서 강한 인상을 받았다. 그동안 홍 대리네 회사에서도 법적인 문제가 간간이 있었다. 따로 법무팀이 없던 회사는 그때마다 외주로 변호사 사무실에 일을 맡기곤 했는데, 막상 대기업의 법무팀에 근무하는 사람을 만나보니 왠지 신뢰가 생겼다.

'우리 회사에도 저런 법무팀이 있으면 정말 좋겠네.'

중소기업에 다니고 있는 홍 대리로서는 여간 부러운 일이 아니었다.

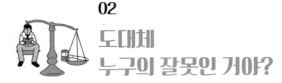

02
도대체
누구의 잘못인 거야?

휴일에 맞은 날벼락 때문에 이리저리 잠자리를 뒤척이던 홍 대리는 결국 늦잠을 자고 말았다. 깁스한 다리 때문에 씻는 것도, 옷을 입는 것도 뭐 하나 쉬운 게 없었다.

'중학교 때 축구를 하다가 다친 후로는 처음이네. 나이 들어서 이게 뭐람. 목발이라니.'

집 안에 아무도 없다는 사실이 서글픔과 짜증을 한층 더 크게 몰고 왔다.

"엄마는 꼭 이럴 때 집에 없더라."

서른을 넘기며 '엄마'를 '어머니'라 고쳐 부르려 노력해온 홍 대리였다. 하지만 도무지 낯간지러워 '어머니'라고 쉽게 입을 뗄 수가 없었다. '엄마'를 '어머니'라고 부르는 순간, 막내 홍승수로서의 생활은 끝이고, 장남 홍승수로서의 중압감만 남을 듯한 낯선 기분이었다.

"야, 홍승수. 그냥 포기해. 막둥이가 엄마를 엄마라고 부르지 못할 이유가 뭐 있냐."

누나는 놀리듯 말했다. 정작 어머니는 아무 말씀도 없었는데, 고지식한 아버지가 한마디를 보탰다.

"다 큰 녀석이 남세스럽게 엄마는."

아버지는 헛기침까지 더해 말씀하였지만, 사실 아무 말도 하지 않는 어머니의 꾸지람을 듣기가 싫어서 아무 말씀이나 건넨 배경도 있을 터였다.

아버지는 어머니 몰래 모아둔 비상금에 퇴직금까지 손을 대어 경매에 투자했다가 몽땅 날린 전적이 있다. 술 한번 입에 대지 않던 아버지가 며칠을 술독에 빠져 계셨으니, 어머니가 사건의 전말을 캐내는 건 시간문제였다. 그 뒤로 아버지는 어머니 앞에만 서면 작아졌고, 그렇게 고집스럽고 권위적으로 기억되던 아버지의 옛 모습은 그 뒤로 눈을 씻고 찾아보기가 힘들었다.

아버지가 본인 몰래 비상금을 그렇게나 많이 모아두었다는 사실과 당신에겐 한마디 상의도 없이 퇴직금에 손을 댔다는 사실이 어머니를 배신감에 휩싸이게 했다. 그 길로 어머니는 한 달 동안이나 이모 집에 머물렀고, 아버지는 몇 날 며칠을 빌어 어머니를 겨우 모셔 올 수 있었다. 그날부터였다. 아버지가 어머니의 말에 대꾸 한번 못하게 된 것은. 사실 끊임없이 줄줄 읊어대는 어머니의 경매 스토리를 1절까지만 듣고 싶은 것도 이유였을 것이다. 그런 아버지가 어머니의 눈치를 보며 몇 마디라도 하는 날엔, 아버지에게는 크나큰 용기와 어머니에 대한 작은 반항심이 필요했다.

홍 대리는 낑낑거리며 겨우 밖으로 나와 택시를 잡았다. 택시를 타도 막바지 출근 시간이라 정시에 출근하기는 글렀다고 생각했다. 그런데 홍 대리가 탄 택시가 신호에 접근하면 마법처럼 모두 녹색 불로 바뀌는 행운이 이어졌다. 신호에 한 번도 걸리지 않은 홍 대리는 간당간당하게 지각을 면했다.

"무슨 일이야? 그 나이에 패싸움이라도 했어?"

엘리베이터를 기다리는 홍 대리 뒤로 남 대리의 목소리가 들려왔다. 남 대리는 어떻게 보면 홍 대리의 동기였다. 법무사가 되겠다고 공부를 하다가 포기하고 서른다섯 살에 회사에 들어온 늦깎이 사회인이었다.

"무슨요. 마트에 갔다가……."

"아, 나 그 동영상 봤어. 홍 대리가 바로 그 사고의 주인공이란 말이지? 대박!"

아무리 동기라도 나이가 다섯 살 위라서 말을 놓지는 않았다.

그거야 어쩔 수 없는 일이라고 생각했지만, 사람 말을 중간에 툭 툭 잘라먹는 것에는 질려버렸다. 법무사뿐만 아니라 다양한 공무원 시험에 도전하면서 제 나름대로 짧은 지식을 쌓아서인지, 누가 무슨 얘기를 하면 중간에 끼어들어 자기 지식을 늘어놓는 것을 좋아했다.

"주인공은 아니고……."

"왜 주인공이 아니야? 그 무빙워크 때문 아니야?"

"어떻게 아셨어요?"

"벌써 동영상 떴네. 이 사람아."

"네?"

그제야 '동영상'이라는 말이 귀에 들어왔다. 사진을 찍던 몇몇 사람들의 모습이 떠올랐다. 남 대리가 말을 잘라먹든 말든 중요한 게 아니었다. 자신의 모습이 찍혔느냐 안 찍혔느냐가 관건이었다. 아무리 그래도 의도치 않게 남들에게 노출되는 건 싫었다.

'내가 무슨 연예인도 아니고.'

궁금해하는 홍 대리 앞으로 남 대리가 휴대폰을 내밀었다. 1분 정도의 짤막한 동영상이었다. 다행히 홍 대리는 유포된 동영상의 끄트머리에 있어 얼굴이 나오지는 않았지만, 그것보다 그 아래 달린 사람들의 댓글이 어마어마했다. 대부분 대형마트에서 이런 사고가 일어났다는 것에 대해 지탄하고 있었으며, 어떤 사람은 '안

전 불감증'이라는 제목을 대문짝만하게 내걸며 동영상을 열심히 퍼다 날랐다.

법률 Cafe

나도 모르는 새 찍힌 동영상, 초상권 침해 아닌가요?

: 헌법, 민법, 형법

나도 모르게 찍힌 동영상이 있다면 이는 초상권 침해에 해당한다. 사람은 누구나 자신의 얼굴, 기타 사회 통념상 특정인임을 식별할 수 있는 신체적 특징에 관하여 함부로 촬영 또는 그림 묘사되거나 공표되지 아니하며 영리적으로 이용당하지 않을 권리를 가진다. 이를 '초상권'이라고 하는데, 헌법 제10조 제1문에 의해 법적으로 보호되고 있다(대법원 2013. 6. 27. 선고 2012다31628 판결). 그러므로 사생활의 비밀과 자유 또는 초상권에 대한 부당한 침해는 불법행위이며, 그 침해는 그것이 공개된 장소에서 이루어졌다거나 민사소송상 증거를 수집할 목적으로 이루어졌다는 사유만으로는 정당화되지 않는다(대법원 1998. 9. 4. 선고 1996다11327 판결).

"하여튼 우리나라 사람들은 냄비야, 냄비. 사고가 나도 금세 잊어버리니까 이런 일이 자꾸 일어나는 거 아냐."

남 대리는 묻지도 않은 말을 계속 이어갔다.

"대형마트에서 가장 빈번하게 일어나는 사고가 뭔줄 알아? 쇼핑카트로 인한 어린이 사고야. 어린이들이 쇼핑카트에 탔다가 떨어지거나, 쇼핑카트가 전복되는 일이 가장 많이 일어나는데도 여전히 카트에 안전벨트를 설치한 마트를 찾아보기 힘들잖아? 심지어 쇼핑카트를 이용할 때 주의사항이라든가 하는 표시를 적절히 하지 않은 경우가 다반사라는 거야. 그러니 어떻게 사고가 안 날 수가 있겠어. 물론 어린이를 데리고 있는 보호자가 최우선으로 주의를 기울여야겠지만, 어쨌든 마트 측에서도 무빙워크나 쇼핑카트 이용자 안전 수칙 같은 안내문을 걸어두고 위험성에 대해 충분히 고지를 했어야지. 이건 말야, 민법 제……."

"지각들 하고 싶어? 홍 대리는 무슨 일이야?"

한번 터진 남 대리의 말을 끊어준 건 영업 부장이었다.

"아, 안녕하세요."

"나야 안녕한데, 홍 대리 자네는 안녕하지 못한 것 같은데."

"홍 대리가 말입니다. 동영상의 주인공이지 말입니다."

말 잘라먹기와 두서없이 말하기가 특기인 남 대리의 말이었다. 또 하나 남 대리의 몹쓸 특기가 있다면 철 지난 드라마의 주인공이나 개그맨의 유행어를 저 혼자 재밌는 줄 알고 흉내 내는 것이었다. 남 대리가 그러든지 말든지 홍 대리는 영업 부장의 부축을 받아 엘리베이터에 탔다. 남 대리는 자신의 말에 흠뻑 취해 엘리베이터에 탈 생각은 하지 않았다. 문이 닫히려는 찰나, 남 대리가 잽싸게 올라탔지만 이내 정원 초과 벨이 울렸다. 홍 대리와 영업 부장은 남 대리를 보고 웃었다. 결국 지각을 한 남 대리는 과장에게 한 소리를 듣는 것으로 정신이 번쩍 드는 아침을 맞이했다.

점심을 먹고 사무실로 들어온 홍 대리의 머리가 자꾸만 뒤로 넘어갔다. 약 기운 때문인지 졸음이 쏟아져서 견딜 수가 없었다. 온몸이 나른하고 깁스한 발도 간질거렸다. 근질거리는 발을 다른 한쪽 발로 문지르고 있을 때였다.

"아, 일 터졌다!"

"네?"

홍 대리는 대답을 하며 자기도 모르게 벌떡 일어났다.

"으으윽……."

아픈 다리에서 우두둑 소리가 났다. 저절로 비명이 터졌다.

"홍 대리는 거기에 앉아서 들어. 저번에 계약했던 S 패치 말인데, 다른 회사에서 자신들의 상품명과 거의 흡사하다고 내용증명을 보내왔다."

홍 대리가 소속된 부서는 상품 개발과 마케팅을 겸하고 있었다. 다른 부서에서도 발에 땀이 나도록 일하지만, 특히 홍 대리의 부서는 영업부와 필적할 만큼 바빴다. 게다가 상품과 관련해 말도 많고 탈도 많은 부서였다. 상품 개발도 개발이지만 마케팅 면에서는 안팎으로 구설에 오르는 일이 잦았다. 따로 고객센터가 있다거나 전담 사원이 있는 것도 아니어서 소비자의 불평불만을 직접 처리하는 경우도 많았다. 소비자가 전화를 거는 대표번호가 바로 홍 대리의 부서, 그것도 신입사원의 자리로 연결됐기 때문이다. 소비자를 능숙하게 대하는 일은 신입사원에겐 버거운 일이었기에, 자연스레 회사에서 연차가 좀 있고 제품에 대해 알 만한 2~3년 차 홍 대리 선에서 매듭을 짓는 경우가 대부분이었다.

홍 대리도 처음 입사를 했을 때 소비자 전화 한 통에 회사를 그만둘까 생각한 적도 많았다. 제품을 오래 사용하다가 무턱대고 하자가 있다며 새 제품으로 바꿔달라는 요구를 큰소리로 욕과 함께 내지르는 소비자를 상대하는 것이 가장 어려웠다. 원래부터 제품에 하자가 있는 것인지, 고객의 잘못으로 사용 중에 문제가 생긴 것인지 확인하기도 힘든 문제였다. 물론 막무가내로 나오는 사람들은 생각보다 꽤 많았다. 고객의 말을 일방적으로 듣다가 마음에 상처까지 덤으로 얻어 버벅거리기도 일쑤였다. 어쨌거나 회사는 교환이든 환불이든 적절한 조치를 취해야 했고, 어떤 게 회사와 고객 모두에게 적절한 대처인지를 판단하기가 힘들었다. 그나마 지금은 홍 대리가 인수인계를 받았던 자료에 2년간 근무하며 메모를 추가한 A4 용지 네 장짜리의 엉성한 자료가 '고객 응대 매뉴얼'로 존재하고 있다.

그런데 이번에는 난처함의 급이 달랐다. 잘못하면 다른 회사와 소송을 하는 상황이 생길지도 몰랐다. 홍 대리가 입사한 뒤에도 일련의 사건이 있었지만, 소송까지 간 적은 없었다. '소송'이라고 하면 홍 대리는 괜한 울렁증이 있었다. 과거 집안에 경매 관련 사건이 터졌을 때도, 친구에게 속은 아버지는 그 친구를 상대로 소송까지 염두에 뒀다. 그러나 아버지의 친구가 일부러 아버지에게 접근해 사기를 쳤다는 증거는 찾을 수 없었다. 소송이라는 게 언제 끝날지 몰라 있던 살림까지 거덜 날 거라는 사람들의 말에도 겁을 먹었다. 한편으로는 아버지가 죽마고우에게 그런 짓까지는 할 수 없다며 버틴 것도 있었다. 어머니는 그런 아버지에게 '주변머리는 눈곱만큼도 없다', '가족보다 친구가 중하냐'는 소리를 퍼부었지만, 끝내 아버지는 친구를 배신하지 않았다.

그 당시 홍 대리는 어머니의 등쌀에 못 이겨 사기와 경매에 관한 법률 자료를 몽땅 뒤졌다. 그러나 아무리 인터넷에 정보가 넘쳐난다고 해도 법과 관련된 용어 자체가 어려웠다. 무료 상담 코너 같은 데 자문도 구했고 지인 중에는 왜 법조인이 없을까 한스럽기까지 했지만, 법은 홍 대리와 같은 평범한 사람들에게는 경원의 대상일 뿐이었다.

"그럼, 우리가 소송당한 건가요?"

갓 들어온 신입사원이 물었다.

"아니, 일단 상대방의 주장부터 확인해봐야겠지. 상호 간에 원만히 해결되지 않으면 그땐 진짜 소송인 거다."

"그럼 우리가 이름을 바꿔야 하는 거예요? 아 참, 그 상품엔 그 이름이 딱인데……. 우리가 몇 날 며칠을 고심해서 만든 이름이잖아요."

"과장님! 우리 근데 그때 상표 조사하지 않았어요?"

"했지. 그때는 동일한 이름이나 비슷한 이름이 없었는데……."

"우리가 놓쳤거나, 아니면 그쪽에서 상표등록을 나중에 한 게 아닐까요? 그렇다면 도리어 우리에게 유리한 거고요."

"그쪽에서 그걸 모를까. 나도 일단 개략적인 내용만 들은 거니, 홍 대리는 이 건과 관련해서 서류나 계약서, 상표 조사 내용 등의 기초 사항들을 정리해서 보고해."

"네!"

"아픈 사람에게 미안하지만 어쩔 수 없네. 제품이나 브랜드 이름 같은 지식재산권은 개발과 판매에 엄청 큰 영향을 미치니까 다들 신경 쓰도록! 유명한 회사에서 다들 상표권 소송 한 번쯤은 진행하는 거 알지?"

"저도 인터넷에서 본 적 있어요. 왜 우리도 이름이 비슷해서 그건 줄 알고 사 먹었는데 맛이 다르다던가 하는 경험이 있잖아요."

"맞아요. 근데 우리나라 안에서만 그런 게 아니라 외국에서도 그런 사례가 많다고 하더라고요. 소비자들도 그 물건을 싸게 파는 줄 알고 샀는데, 막상 진짜가 아니더라는 거죠."

"그러니까 빨리 대응책을 마련해야지! 홍 대리, 서두르고!"

법률 Cafe

'서울'이라는 널리 알려진 지명도 독특한 식별력을 가졌다면, 상표등록이 가능할까?(서울대학교 분유)

: 상표법

2011년 국립 서울대학교는 유아용 분유, 농산물 이유식 등의 상품에서 '서울대학교'라는 상표를 사용하기 위해 특허청에 상표등록을 신청했다. 이에 대해 특허청은 '서울대학교'로 구성된 출원상표가 상표법 제6조 제1항 제4호, 제7호에 해당한다는 이유로 상표등록을 거절했다.

상표법 제6조 제1항 제4호에서는 서울, 부산과 같이 현저한 명칭이나 그 약어 또는 지도만으로 된 상표는 등록받을 수 없다고 규정하고 있다. 이와 같은 상표는 지역이나 지명의 현저성과 주지성 때문에 상표의 식별력을 인정할 수 없어, 어느 특정 개인에게만 독점사용권을 부여하지 않으려는 데 규정의 취지가 있다고 할 수 있다.

하지만 대법원은 이러한 특허청의 조치가 타당하지 않다고 보았다. "위 출원 상표는 현저한 지리적 명칭인 '서울'과 흔히 있는 명칭인 '대학교'가 불가분적으로 결합됨에 따라, 단순히 '서울에 있는 대학교'라는 의미가 아닌 '서울특별시 관악구 등에 소재하고 있는 국립종합대학교'라는 새로운 관념이 일반 수요자나 거래자 사이에서 형성되어 충분한 식별력을 가지므로 위 지정상품에 대한 상표등록이 허용되어야 한다(대법원 2015. 1. 29. 선고 2014후 2283 판결)"라고 판시하며 다른 판결을 내린 것이다.

이에 비추어 보면 동 조항의 규정은 현저한 지리적 명칭 등이 다른 식별력이 없는 표장과 결합한 경우에도 적용할 수 있으나, 그러한 결합에 의해 본래의 현저한 지리적 명칭을 떠나 새로운 관념을 낳거나 새로운 식별력을 형성했다면 위 법 조항의 적용이 배제됨을 알 수 있다.

계약서는 당연히 있지만 당시 일을 진행하면서 쌓아둔 서류를 정리하는 일은 쉽지 않았다. 분류가 제대로 되어 있지 않은 것도 있었고, 언젠가 삭제해버린 것도 있었다. 경험상 계약이 종료되기 전까지는 사소한 것도 폐기하지 않고 다 모아둔다. 그러나 일단 계약이 종료되고 나면 중요한 것 몇 가지를 제외하고는 남겨두지 않는 게 보통이다. 약 기운이고 뭐고 나른하던 몸이 바짝 긴장이 돼 홍 대리는 아픈 줄도 몰랐다.

늦게 퇴근한 홍 대리는 옷도 벗지 않은 채 그대로 침대에 누워 버렸다. 주말에 이어 계속 스펙터클한 사건의 연속이었다.

"얘는 도대체 들어온 거야? 안 들어온 거야? 막내야!"

홍 대리는 어머니가 방문을 벌컥 열었는데도 일어날 수가 없었 다. 어머니의 목소리도 저 멀리에서 메아리치는 듯 희미했다.

"막내야! 무슨 일이냐! 다리가 왜 이 모양이야?"

"어머니."

"네가 어머니라고 하는 걸 보니 정상은 아닌가 보다. 갑자기 철 이 든 것도 아닐 테고."

"엄마는 참."

홍 대리는 어머니의 농담에 정신이 들어 피식 웃었다. 일어나서 마트에서 있었던 일을 말씀드렸다. 물론 회사 일은 생략했다. 아무 리 철이 없어도 부모님께 그런 걱정까지 안겨드릴 수는 없었다.

"근데 사고는 왜 난 거냐?"

"글쎄요. 아직 저도 잘은 모르겠어요."

"치료는 제대로 받고 있는 거냐?"

"뭐 깁스했으니까, 시간이 좀 걸리겠죠. 한 일주일 더 있다가 깁스 풀러 가야죠."

"마트에서는 그 뒤로 연락이 없고?"

"엄마, 거긴 대기업이에요. 대기업."

"아무튼 치료비랑 위자료는 준다는 거지?"

"글쎄요. 치료는 공짜로 받고 있고, 위자료는……."

"이런 바보 같은 녀석아. 이 모양 이 꼴로 회사에 다니는데 당연히 배상을 받아야지."

듣고 보니 어머니의 말씀이 맞는 것 같았다. 어머니는 원래도 이재에 밝았지만, 아버지 사건 이후로는 무슨 일이든 앞뒤 상황을 보고 이해득실을 따지는 게 전보다 더 심해졌다. 그에 비해 홍 대리는 어릴 적부터 모든 것에 허술하기도 했고, 마냥 사람 좋다는 소리만 자주 들었다. 아버지의 경매 사건 이후로 홍 대리에게 쏟아지는 어머니의 잔소리가 두 배는 늘어난 게 기분 탓만은 아니었다. 홍 대리는 치료비와 장을 본 물건에 대한 환불액까지는 받을 수 있을 거라 기대하고 있었다. 하지만 위자료까지는 미처 생각하지 못했다는 것을 깨달았다. 어머니의 말씀을 듣고 나니 고개가 끄덕여졌다.

"네가 하는 일이 그렇지. 이 헐랭아!"

홍 대리는 휴대폰을 꺼내 인터넷을 뒤졌다. 어머니의 말씀대로 한번 알아보는 게 나을 듯싶었다.

"엄마, 이것 좀 보세요!"

"뭐냐, 무슨 결론이 났나?"

"아니요. 일단 그 마트 사건에 대한 기사를 찾았어요. 가만히 있어 보자……. 그게 어떤 꼬마가 무빙워크의 비상정지 단추를 눌렀다는대요?"

"세상에, 애는 안 다쳤다니?"

"그 애는 안 다쳤죠. 무빙워크에 탄 게 아니었으니까."

"다행이다."

홍 대리의 어머니는 요새 들어 앞뒤가 다른 이야기를 할 때가 늘었다. 어떨 때는 그야말로 남 대리의 화신을 보는 것 같아 두려웠다.

"어머니는, 사고가 왜 일어났냐고 실컷 흥분하시더니……."

"녀석아, 그보다는 사람이 중요하지. 뭣이 중헌디……."

"헉."

홍 대리는 또 남 대리의 분신을 목격한 것 같아서 너무 놀랐다.

"이 어미를 오랜만에 보니까 그리 반갑더냐."

어머니는 미소를 지으며 홍 대리의 엉덩이를 두들겼다.

"아, 어머니는 참……."

"근데 그 애 엄마도 참 답답하겠다. 애가 벌써부터 어디로 튈 줄 모르는 사고를 치고 다니니……."

어머니의 말을 듣고 보니 정말 그랬다.

"그러네. 애가 잘못해서 사고가 났고, 그로 인해 많은 사람이 다치기도 했는데……. 그럼 책임은 누가 져요?"

"이 녀석아, 그걸 왜 나한테 묻냐."

홍 대리의 어머니가 이번에는 홍 대리의 뒤통수를 '콩' 한 대 쥐어박았다.

'도대체 누구한테 책임이 있는 거지? 아이야? 마트야?'

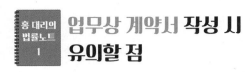

업무상 계약서 작성 시 유의할 점

:　　　회사에서 업무를 처리할 때 거래처 상대방과 계약서를 작성하는 경우가 매우 많다. 계약서는 계약 당사자의 의사가 합치되어 계약에 관한 사항을 규율하는 것이기 때문에 권리와 의무에 관한 우선적인 효력이 발생한다. 따라서 분쟁이 생길 경우, 계약서는 이를 해결하는 데 매우 중요한 자료가 되어준다. 다음의 유의사항을 잘 숙지해서 작성하도록 하자.

1. 계약서 명칭은 중요하지 않다

계약서는 반드시 문서로 작성해두는 것이 바람직하며, 가급적 자세하게 모든 합의 내용을 써 내려가는 것이 좋다. 계약서는 표제 그 자체가 '계약서'라고 되어 있든 '각서', '합의서', '협정서' 등으로 되어 있든 법률적인 효력에는 차이가 없다. 즉, 해당 문서에 표기된 내용을 법률적으로 판단했을 때 '계약'으로 인정된다면, 그 문서는 '계약서'로서 효력이 있다.

2. 내용을 확인, 또 확인해본다

계약서를 검토할 때는 가장 먼저 당사자 간 합의한 내용이 계약서에 빠짐없이 들어가 있는지, 제3자가 읽었을 때 애매한 표현이 없이 명확하게 기재되어 있는지 확인한다. 이후 계약을 위반했을 시 처리 방법에 대해서도 작성되어 있는지 살펴본다. 되도록 손해배상의 규모와 방법도 구체적으로 기재하면 좋다. 또한 계약의 이행 방법과 손해배상 시 이를 담보할 방법에 대해서도 구체적으로 쓰여 있는지 확인한다. 그 외 계약의 효력 발생 시기(계약 체결 시와 종료 시)를 명시하는 것도 바람직하다.

3. 계약당사자가 정당한 권리자인지 확인한다

법인과 계약을 체결할 경우에는 법인등기부등본을 발급받아 등기부등본상의 정당한 대표자가 계약을 체결하는 것인지 확인해야 한다. 대리인의 경우에는 위임장을 보며 계약서 작성을 대리할 권한이 있는지를 확인한다. 개인과 계약을 체결할 경우에는 신분증을 꼭 살펴본 뒤 서명 또는 기명날인하여야 한다. 이러한 신원 확인 절차가 절대로 생략되어서는 안 된다.

4. 계약서가 여러 장인 경우 간인을 한다

계약서가 여러 장일 경우에는 여러 용지 사이에 간인을 하는 것이 좋다. 간인을 하지 않으면 중간에 간인이 없는 부분을 수정해서 바꾸어도 이를 입증하기가 어렵기 때문이다.

03
잃게 되는 것은
돈뿐만이 아니다

"당신, 요즘 어딜 그렇게 다니는 거예요?"

회사 일로 연일 야근 행진이었다. 게다가 아픈 다리를 이끌고 출근하려니 저녁이면 더 파김치가 되는 것 같았다. 평소 같으면 일찍 주무실 법도 한데 11시가 넘은 야심한 시각에 어머니의 목소리가 열린 문틈에서 흘러나왔다.

"다니긴 내가 어디를……."

"이것 좀 보소. 말 흐리는 것 보니 켕기는 게 있구먼 뭘."

아버지는 강한 부정도 하지 않았다. 그렇다는 것은 이미 어머니의 손아귀에 걸려든 것이나 마찬가지였다.

"아니, 그냥 여기저기 답답해서……."

"그러니까 여기저기 어디요? 말씀을 해보세요."

"……."

"당신이 무슨 정치인이라도 됩니까? 모르쇠로 나가면 다예요?"

어머니는 하고 싶은 말을 다 하는 것도 모자라, 웅변학원에 다녔나 싶을 만큼 말주변이 좋아졌다. 경매 사건 이전까지는 어떻게 그리 아버지의 말에 순종하며 살았나 싶을 정도로 변해도 참 많이 변해 있었다.

홍 대리는 일부러 자신의 방문을 크게 열어 가방을 내려놓고는 부모님의 방으로 건너갔다.

"아직도 안 주무시고 뭐 하세요?"

"네 아버지 입 좀 열어봐라."

"네?"

"네 아버지 또 일 저지르는 건 아닌지 내가 요새 조마조마하다."

"왜요? 아버지 요즘 뭐 생각하는 거 있으세요?"

홍 대리는 어릴 적부터 이상하게도 아버지는 '아버지'라고 불렀다. 엄하고 무서운 분이라는 생각이 들어서인지 '아빠'라고 부르면 혼이라도 날 것 같아 사춘기가 지나고부터는 자연스레 '아버지'라는 소리가 입에서 나왔다.

역시나 아버지는 아무런 말씀 없이 신문만 뒤적였다.

"또 경매 같은 거 하기만 해봐요. 그때는 바로 이혼이에요. 이혼!"

"거참, 이제 5년이나 지났는데……."

"그래요. 5년 지났죠. 그래서 퇴직금이 반 토막 났잖아요."

"반 토막은……."

"비상금까지 합하면 퇴직금의 반절이 넘으니 반 토막이 아니라 거의 한 토막이네, 한 토막!"

아버지는 몇 마디 건넸다가 오히려 되로 줄 걸 말로 받았다. 홍 대리는 부모님 사이에서 뭘 어떻게 해야 할지 몰라 진땀만 흘리고 있었다. 어머니의 열변이 시작되고 얼마 지나지 않아 아버지가 갑자기 신문을 내려놓았다. 그러고는 서랍에서 무언가를 꺼내 홍 대리와 어머니 앞에 내놓았다.

"이게 뭐예요?"

"……."

아버지는 아무 말도 하지 않고 다시 신문을 집어 들었다.

"막둥아! 네가 좀 읽어봐라."

"공.인.중.개.사.자.격.증. 1차 합격? 아버지, 공인중개사 시험 보셨어요?"

아버지는 아무런 말이 없이 헛기침만 하며 신문에서 눈을 떼지 않았다.

"그럼 그동안 이거 공부하러 다녔다는 거예요?"

"그것도 있고……."

"또 뭐요? 내 예감이 틀림없다니까. 뭔가 또 있네. 있어!"

홍 대리의 어머니는 얘기를 하는 동시에 '쿵' 하고는 아버지에게서 등을 돌려버렸다. 그제야 홍 대리의 아버지는 신문을 반으로 잘 접어 바닥에 내려놓았다.

"퇴직도 했고, 그러면 이제 돈 나올 구멍도 없으니까. 건물 하나 사서……."

아버지의 입을 열기 위해 어머니는 얼마간 가만히 있더니 '건물'이라는 단어가 떨어지기 무섭게 다시 등을 돌렸다.

"지금 뭐라고 했어요? 연금이 있잖아요. 연금! 그거 아껴 쓰면 돼요!"

"승수 장가도 가야 하고……. 우리한테도 노후 자금이 있어야 하지 않겠어. 요새 친구들 보면 다들 자식 결혼시키고 손주들까지 있는데, 우리도 돈이 있어야 부모 노릇을 하는 시대라고."

홍 대리는 걱정하지 마시라는 말씀을 드리고 싶었지만 자신의 처지를 생각하면 입이 떨어지지 않았다. 취직하고 딱 2년. 월급을 받기는 받았지만 친구들에게 취직 턱으로 몇 달 동안은 밥과 술을 샀다. 취직하지 못한 친구들을 만나면 무조건 홍 대리가 돈을 냈고, 작은 회사 신입사원 월급에 그렇게 생활했으니 돈을 모았을 리 만무했다.

또한 이전 회사에서 퇴직하기 몇 달 전부터는 돈 한 푼 받지 못

했다. 마지막 두 달은 결국 부모님에게 손을 벌렸으니, 지금 생각해보면 그때처럼 비참한 적은 없었던 것 같다. 대학교에 떨어져서 재수를 했을 때도, 재수를 하고서도 서울권 학교에 못 들어가 경기권으로 원서를 썼을 때도, 그 정도까지는 아니었다.

그때만큼은 아니지만 또다시 이런 기분에 휩싸이게 될 줄 몰랐다. 이제는 그래도 사람 구실 좀 한다고 생각했는데, 두 분 사이에서 꿀 먹은 벙어리가 된 것은 홍 대리였다. 어머니도 아버지의 마지막 말에는 반박의 여지가 없는 것 같았다.

"그래서 당신이 요즘 알아보는 게 뭔데요?"

어머니는 슬그머니 아버지의 의중을 떠보았다. 아버지는 헛기침을 한 뒤에 서랍에서 지도 한 장을 꺼냈다. 부동산 중개업소 벽에 붙어 있는 그런 지도였다.

"자, 여기, 여기, 여기. 이 지역들이 아직 가격 면에서도 좋고, 입지는 말할 것도 없고. 그러니까 여기에…….."

가만히 듣고 있던 어머니는 아버지의 말이 채 끝나기도 전에 입을 열었다.

"그렇게 좋은데 다른 사람들은 눈이 멀었데요?"

"허허, 그러니까 나처럼 보는 눈이 있는 사람이 먼저 잡아야지."

"그렇게 보는 눈이 있는 사람이…….."

"허, 참, 사람. 그만할 때도…….."

어머니가 뭔가 이야기를 하기 전에 홍 대리가 얼른 아버지 편을 들었다.

"그러니까 아버지가 그때 일을 교훈 삼아 이렇게 공인중개사 시험까지 보셨잖아요. 1차가 되셨으니 이제 2차만 되면 자격증도 나와요."

"뭐야! 그럼 아직 자격증도 못 딴 거야?"

"엄마는 이게 얼마나 따기 힘든데요. 그 어렵다는 법 공부도 해야 하고, 예전처럼 그렇게 쉽게 딸 수 있는 자격증 시험이 아니라니까요."

"법 공부? 아이고. 아예 사법 시험을 보았으면 얼마나 좋아."

"사람 참……. 말을 해도."

"아버지는 그 근처에 뭘 하고 싶으신데요? 장사하시게요?"

"장사는 무슨, 내가 뭘 할 줄 아는 게 있나. 건물 하나 사서 월세 받으려고 그러지."

"아, 주님요?"

"뭐? 주님?"

"요새는 건물주를 그렇게들 불러요."

"주님이고 뭐고, 괜히 잘못해서 돈만 날릴까 봐 난 싫다."

어머니의 태도는 생각보다 완강했다. 거기에 아버지는 어떻게 더 해볼 도리가 없었는지 아예 입을 꾹 다물었다. 5년 전에 친구의 말만 듣고 경매에 뛰어들었던 경험이 또다시 아버지의 발목을 잡은 것이다. 그때 아버지가 손해 본 금액은 1억 원이었다. 비상금 조로 모아둔 3000만 원과 퇴직금 7000만 원, 평소 경매로 재미를 보던 고향 친구를 만나 수익을 보게 해주겠다는 말을 쉽게 믿었다. 그 친구도 처음에는 경매는 아무나 하는 게 아니라며, 직장이나 성실히 다니라고 했단다. 돈이 아니라 시간을 투자해야 제대로 된 물건을 만난다는 참된 조언도 아끼지 않았다.

그래도 시간이 흐르자 옆에서 보고 있던 아버지는 쉽게 수익을 내는 친구가 부러웠다. 초기에 들어가는 돈이 그렇게 많지 않다는 사실도 알게 되었다. 아버지는 친구에게 컨설팅을 부탁했다. 추천받은 물건은 찜질방. 아버지는 친구의 조언으로 입찰가를 11억 원에 써냈지만, 누군가가 그보다 5000만 원이 높은 11억 5000만 원을 써내 그 가격에 낙찰받아갔다. 수익이 많은 찜질방을 빼앗겨 상심한 아버지는 친구에게서 또다시 달콤한 말을 들었다. 1순위 낙찰자로부터 해당 물건을 12억 원을 주고 되사오자는 권유였다. 그렇게 아버지는 애초 예상보다 1억 원이 높은 금액으로 찜질방을 등기했지만, 찜질방은 곧 재개발 대상으로 철거되었다. 아버지에게 이 일이 더욱 충격적으로 다가온 건, 나중에 알고 보니 앞서 1순위 낙찰자가 아버지의 친구와 한패였다는 것이었다. 아버지의 친구가 1순위 낙찰자에게 11억 원에 입찰할 사람이 있다는 정보를 흘렸고, 그보다 딱 5000만 원을 높게 써내 입찰한 것이었다. 결국 아버지가 12억 원을 잃게 되는 과정은 친구의 계산 속에서 나온 것과 다름이 없었다.

아버지는 이 사건 이후 며칠을, 아니 한 달 이상 속을 끓였다. 그나마 공부에 매진하는 모습을 보여주고부터는 안쓰러움이 조금 줄어들었다. 아버지는 시간만 나면 도서관으로 출근했다. 무슨 일이 생기면 먼저 공부를 한 다음에 움직였다. 그전에도 꼼꼼하고 신중하기로 소문이 자자했는데, 그 증상이 더 심해진 것이다. 크게 달라진 점이 있다면 꼼꼼하고 신중한 덕에 아버지 입에서 끊이질 않던 잔소리가 이제 더 이상 어머니에게 통하지 않게 되었다는 점이다. 습관이라는 게 하루아침에 달라질 리도 없고, 아버지는 이모 집에서 어머니를 데려온 며칠 동안은 잠잠하더니 얼마를 못 가고 또다시 어머니에게 시시콜콜 잔소리를 했다.

"이 양반이 내가 당하고만 있을 줄 알아요? 나도 이제 할 말이 있다, 이거야. 여태까지 당신 돈 벌어온다는 것 때문에 내가 얼마나 꾹 참고 산지 알아요? 근데 사람들이 그러대. 주부도 엄연한 직업이라고. 연봉으로 따지면 어마어마하대요. 그러니까 이제 나도 할 말은 해야겠어!"

어머니의 변신은 천하무적이었다. 홍 대리뿐 아니라 누나도 그동안 어머니가 어떻게 큰소리 한번 치지 않고 살았나 싶었을 만큼 어머니의 기세가 당당했다. 이전까지 홍 대리와 누나는 늘 어머니 편이었지만, 이제는 아버지가 불쌍하게 여겨질 정도였다.

"엄마, 아버지가 공부까지 하셨는데……."

"건물? 주님? 그게 말처럼 쉽다던? 내가 아는 사람 중에도 건물 관리하는 사람이 있는데 세입자 때문에 아주 골머리를 앓더라. 우리가 돈이 많아서 누가 건물을 관리해주면 모를까. 세상에 눈먼 돈이 어디 있어!"

아버지는 헛기침만 몇 번 하다가 결국 방을 나갔다. 이번에는 아버지와 어머니의 갈등이 꽤 오래갈 것 같은 예감이 들었다.

법률 Cafe

집주인의 고충 vs
세입자의 고충

: 민법

집주인이 전세 세입자 때문에 가장 흔하게 골머리를 앓는 사례는 전세 기간이 종료되었음에도 불구하고 방을 빼지 않고 버티는 경우와 전세 목적물인 부동산을 함부로 개조하고 원상복구를 제대로 하지 않는 경우다. 전자의 경우, 집주인은 기간 만료 이후로도 계속 사용하여 발생한 월세 부분은 보증금에서 공제하여 그 잔액만 반환할 수 있다. 또한 계속해서 건물 반환을 거부한다면 세입자를 피고로 해서 부동산의 인도 및 차임(월세) 청구소송을 제기하여 승소 판결을 받고 강제 집행하는 방법이 있다. 후자의 문제 즉, 세입자가 함부로 개조하여 원상복구를 하지 않은 문제에 대해서는 그에 따른 손해액을 전세보증금에서 공제하고, 그 손해액이 전세보증금을 초과할 때에는 그 부족분에 대해서 세입자를 피고로 하여 손해배상 청구소송을 제기하여야 한다.

반대로, 전세 세입자가 겪는 흔한 불편은 전세 목적물에 필요한 시설물에 하자가 있어서 목적물을 제대로 사용하지 못하는데도 집주인이 그것을 제때 수리하지 않는 문제다. 이 경우는 두 가지 해결 방법이 있다. 하나는 임차인이 임대인에게 수리해줄 것을 정식으로 통보(내용증명, 메일, 카카오톡 등)하고, 그래도 하지 않으면 직접 수리한 뒤에 그 지출한 비용 상당액을 월세에서 공제하여 지급하는 등의 방법으로 임대인에게 구상하는 방법(민법 제626조 제1항)이 있다. 다른 하나는 수선 의무 이행 전까지 차임(월세) 지급 의무의 이행을 거부하고, 그 불이행으로 임대차 목적을 달성하지 못한다면 내용증명으로 계약을 해지하고 전세금 반환 및 손해배상을 청구하는 방법이 있다.

04
어깨를 쫙 펴고
법률사무소의 문을 두드려라

부모님의 갈등으로 집 안에는 냉기가 돌았다. 아침에 제대로 밥도 못 얻어먹고 나온 홍 대리는 작은 가게 앞에서 커피와 도넛을 주문했다. 달콤한 도넛 향을 맡으며 기다리고 있을 때, 주머니에서 휴대폰이 윙윙댔다.

"어이! 홍 사장, 날세."

"자식, 아침부터 무슨 일이야?"

"아직 회사에서 밀린 월급을 안 준다. 벌써 8개월이 넘었다고. 이제 모아놓은 돈 다 떨어지고, 취업은 안 되고, 미치겠다."

말끝마다 깊은 한숨이 묻어났다. 이전 회사에서 같이 일하던 동료였다. 동료이기도 했지만 그보다 앞서 초등학교 동창이기도 했다. 회사에 들어가서야 동창이라는 사실을 알았지만, 알고 난 이후부터는 회사에서 제일 친한 친구가 되었다. 그러던 중 친구는 회사에 남았고, 홍 대리는 명예퇴직을 했다. 혼자서 살아남은 친구는 홍 대리가 퇴직하는 날, 술을 진탕 마셨다.

"얌마, 미안하다."

"네가 미안해할 일도 아닌데 뭐…….'

이상하게도 그날은 술을 마셔도 취하지가 않았다. 친구만 엄청나게 취해서 결국 술값도, 택시비도 홍 대리가 냈다. 친구는 그게 더 미안했는지 홍 대리를 위해 취직 자리를 적극적으로 알아봐주었다. 몇 개월 만에 밀린 월급과 얼마 안 되는 퇴직금을 받은 홍 대리는 그날에야말로 코가 삐뚤어지도록 술을 마셨다. 다음 날 어떻게 집에 들어왔는지 모를 정도로 정신이 몽롱할 때쯤, 지금 회사의 연락을 받았다.

그렇게 팔을 걷어붙이고 홍 대리를 돕던 친구는 거의 5년 동안 몸 바쳐 일한 회사에서 끄떡없을 거라는 말만 믿고 있다가 어영부영 시간을 보냈다. 막상 자신에게 일이 터지니 경력직 위주로 알아보고는 있다는데, 자리가 없어서인지 자신에게 맞는 자리를 찾지 못해서인지 8개월이 넘도록 취업을 못하는 실정이었다.

"노무자지원센터에 문의는 해봤어?"

"노동부에 진정 신고는 했는데, 이대로 변하는 게 없다면 회사를 상대로 소송을 해야 한대. 회사 쪽에서는 자꾸 기다려달라고만 하고. 그것도 미치겠다.”

“정에 얽매여서 기다리다가 제대로 월급도 못 받고 그러면 어떻게 하냐.”

“그러게. 일단 알바라도 해야 하는 게 아닐까 싶다. 별생각이 다 들어. 집에는 아직도 말도 못했다니까. 그나마 모아둔 돈으로 월세는 내고 있는데, 얼마나 견딜 수 있을지 모르겠다.”

“내 생각에는 결단을 빨리 내리는 게 좋을 것 같다. 나도 그때는 법도 제대로 모르지, 어떻게 해야 할지 감도 안 오지, 그렇게 망설이기만 하다가 겨우 진정서를 냈다니까. 그래도 그때는 월급이 바로 들어오기라도 했지. 진정 신고를 했는데도 지불이 안 되는 거 보면, 회사 사정이 더 안 좋아졌나 본데……. 그러다가 진짜 너 큰일 난다.”

“회사가 아직 경영 중이면 소송이나 가압류 같은 걸 할 수는 있나 봐. 그런데 시간도 좀 걸리고 하니까 이쪽이 좀 더 빠를 줄 알았더니만…….”

“다른 건 생각 말고 너만 생각해라!”

“…… 고맙다.”

임금체불 진정서 접수 및
처리 절차(임금체불 진정서 작성법 70p 참고)

신고(진정)
민원인

접수   지방고용노동관서

결과 통보 ← 위반 없음 등 ← 조사   근로개선지도과

↓ 법 위반 확인 (※일부 사안은 시정지시 생략)

← 시정 완료 시 행정 종결 ← 시정지시   근로개선지도과

↓ 미시정 시

범죄사건부 등재   근로개선지도과

↓

수사   근로개선지도과

↓

검찰 송치

친구는 잠시 침묵하다가 전화를 끊었다. 잠깐 사이 뜨거운 커피
가 미지근해졌다. 식어버린 커피 한 잔을 마셨다. 커피 맛이 썼다.
'힘내'라는 흔한 말도 위로가 되지 못할 것 같아서 차마 할 수가
없었다.

홍 대리의 회사 상황도 머리 아프기로는 마찬가지였다. 쓴 커피를 채 다 마시기도 전에 과장이 호출을 했다.

"홍 대리! 변호사 사무실에 회의하러 가야겠다. 깁스는 언제 풀어?"

"네! 아직 며칠 남았어요."

"배상 처리는 잘됐고?"

"치료는 계속 받고 있는데, 아직 아이 부모와 회사 쪽 갈등이 조정 안 됐나 봐요. 회사 쪽에서는 아이에게 책임이 있다고 하고, 아이 부모 쪽에서는 비상정지 버튼을 어린아이가 쉽게 누를 수 있는 곳에 설치한 회사 쪽 잘못이라고 하고. 둘이 팽팽한가 봐요."

"홍 대리, 왜 이렇게 박식해졌어."

"별일을 다 당하니까 저도 법에 관심이 좀 생기더라고요. 그래서 기사 챙겨 보면서 인터넷 좀 뒤졌죠. 회사 일도 그렇고요."

"좋은 현상이네. 서류만 가지고는 변호사님이 이해 안 되는 부분이 있나 봐. 더 꼼꼼히 확인해야 할 부분도 있고. 자네가 담당이었으니까 자네가 가야지."

법원으로 올라가는 언덕에는 크고 작은 법률사무소가 즐비하게 늘어서 있었다.

'평생 법률사무소 이런 데는 갈 일이 없을 줄 알았는데……'

살다 보면 뜻밖의 일을 만나기도 한다지만 법적인 문제에 휘말리는 것은 남의 일이라고만 생각했다. 마트 무빙워크 사건도 어쩌다가 벌어진 운 나쁜 일이라고 여겼다. 그런데 회사 안에서까지 법과 관련된 일로 자꾸 얽히다 보니, 더 이상 법은 그냥 무시하고 넘길 수 있는 일이 아니었다. 한편으로 자신이 법에 대해 너무 무지했다는 것을 새삼 느끼는 중이기도 했다. 법률 사건은 생각보다 우리의 일상과 훨씬 가까운 곳에 있었다.

법무법인 사하라는 여러 법무법인이 빼곡하게 들어선 10층 건물의 3층에 자리 잡고 있었다. 태어나서 처음 와보는 법률사무소였다. 괜히 잘못한 것도 없는데 죄지은 사람이라도 된 듯 어깨가 움츠러들었다.

건물 로비에 들어서자마자 홍 대리는 눈이 휘둥그레졌다. 규모도 규모였지만 일반 회사와는 뭔가 분위기부터가 달랐다. 가운데 서 있는 동상도 평소에 눈에 익던 모습이 아니었다.

'정의의 여신이라는 건가?'

인터넷 검색창에 '정의의 여신'이라고 써넣었다.

'어? 눈은 가리고 한 손에는 칼을 들고 있어야 하는데…….'

아래까지 쭉 훑어 내려가다가 눈앞의 동상과 똑같은 사진을 발견했다. 한국형 정의의 여신이란다. 눈을 가리지 않는 대신, 칼이 아닌 법전을 들고 있는 모습이었다.

한국형 정의의 여신은 일방적인 강제가 아닌 규칙과 기준에 따른 따뜻한 법치를 상징하기 위해 칼 대신 법전을 들고 있습니다. 나아가 소외 계층과 사회적 약자를 적극적으로 구제하기 위해 눈을 가리지 않고 있는 모습입니다.

의미와 함께 김훈석이라는 변호사의 해석도 덧붙어 있었다.

법은 '사람을 때리거나 죽이면 처벌받는다'처럼 예측 가능하고, 번복하기를 싫어한다. 이를 '법적 안정성'이라고 하며, 이것이 무너지면 법의 기능은 유명무실해진다. 그러나 법적 안정성만을 추구하다 보면, 배가 고파 빵 하나를 훔친 불쌍한 고아도 절도죄로 단호하게 처벌되는 등 개별적 사안에서는 타당하지 않을 수 있다. 따라서 눈을 가리고 일률적으로 처리하기보다는 눈을 뜨고 찬찬히 보는 것도 괜찮아 보인다.

홍 대리는 마지막 문장을 보고 피식 웃었다. 변호사라고 하면 딱딱할 줄 알았는데 의외로 상상력과 재치가 넘치는 사람이라고 생각했다. 3층으로 올라가 사하라 사무실의 커다란 유리문을 열고 들어갔다. 직원은 하나도 보이지 않았다.

'다들 어디 간 거야? 여기가 아닌가?'

홍 대리는 다시 사무실 문을 열고 밖으로 고개를 내밀었다.

'사하라, 맞는데……'

간판을 뚫어져라 보고 있는데 누군가의 시선이 느껴졌다. 헝클어진 파마머리가 눈에 들어왔다.

"여기에 볼일 있으십니까?"

"아, 네……"

아무도 없는 사무실에 몰래 들어온 듯한 기분으로 당황한 홍 대리는 잡고 있던 문을 놓았다. 갑자기 닫히려는 문을 파마머리의 남자가 다리를 뻗어 막아주었다. 문이 닫혔으면 그야말로 문 사이에 머리가 끼일 뻔했다. 사내는 열린 문으로 성큼 들어갔다. 하얀 와이셔츠에 양복바지를 입긴 했지만 슬리퍼에 맨발이었다.

'변호사라고 정장에 구두만 신으라는 법은 없지 뭐.'

"혹시, 홍승수 대리님?"

"네, 어떻게……?"

"법무법인 사하라 대표 김훈석입니다."

"네, 네?"

김훈석 변호사는 빙그레 미소를 지었다. 그의 첫인상을 보고 변호사를 떠올리는 사람은 거의 없을 것이다. 보통은 방송국 피디나 건축사 사무소에서 일하는 사람으로 볼 것이다. 틀에 얽매이지 않은 자유로운 영혼의 소유자인 듯했다. 김훈석 변호사의 눈이 장난

꾸러기처럼 반짝반짝 빛나고 있었다.

"김 사장한테 이번 일에 대한 히스토리는 간략하게 들었습니다. 과정상 놓치게 된 부분도 있을 것 같아서, 처음부터 지금까지 어떻게 일이 진행되어 왔는지 자세히 듣고자 오시라고 하였습니다."

김훈석 변호사는 반가운 친구를 만날 때처럼 손을 내밀었다. 얼떨결에 홍 대리도 손을 내밀어 악수를 했다.

"계약서 사본과 약간의 서류는 이미 받았습니다. 계약 과정에서 주고받았던 메일이나 전화 연락, 메시지 등을 정리해 가져와달라고 말씀을 드렸는데. 가지고 오셨죠? 이제 계약을 맺기까지의 과정을 세세하게 얘기해주시면 됩니다."

"아, 네. 여기 있습니다."

"보통 의뢰인들은 저를 보자마자 침을 튀겨가며 한참을 이야기한 후 관련 서류를 내밉니다. 서류를 보면 금세 파악할 내용인데 긴 시간 자신의 감정을 털어놓곤 하죠. 억울한 일을 당하면 당연히 화는 나겠지만, 법률을 다룰 땐 최대한 감정을 배제한 객관적인 시각이 필요합니다. 따지고 또 따져야 해요."

김훈석 변호사는 흥미롭다는 표정으로 서류를 검토한 후 홍 대리의 이야기를 들었다. 홍 대리는 김훈석 변호사의 태도를 보면서 내심 감탄했다. 간간이 농담을 던지고 편한 분위기를 만들면서도 이야기를 끌어내는 동시에 머릿속으로는 요점을 놓치지 않았다.

중간중간 메모도 하고 고개를 끄덕이다가 생각지도 못한 것에 대해 날카롭게 질문을 했다. 매의 눈으로 보듯 사건을 정확하게 분석하고 있었다. 김훈석 변호사는 옆에서 녹취와 함께 홍 대리가 하는 말을 빠르게 기록했다. 생각보다 긴 시간 동안 김훈석 변호사는 편안한 것 같으면서도 흐트러짐 없는 태도로 이야기에 집중했다. 오히려 이야기하다가 잠시 쉬어가는 건 홍 대리였다.

홍 대리는 로비에 있는 동상을 다시 한번 올려다보았다.

'눈을 가리고 일률적으로 처리하는 게 아니라 눈을 뜨고 찬찬히 보라.'

'그러고 보니 아까 이 말을 쓴 변호사도 김훈석이라는 것 같았는데?'

어쨌거나 가슴이 뜨거워졌다. 죄인이라도 된 것 같은 기분이 사라지고, 법에 한 걸음 더 다가선 느낌이었다.

"홍 대리, 늦으면 바로 퇴근해라."

서 과장의 메시지였다. 메시지를 보고도 퇴근의 기쁨을 만끽할 수 없었다. 회사가 큰 위기에 몰린 판국에 일찍 퇴근한다는 건 의미가 없었다. 휴대폰을 가방에 집어넣으려는데 벨이 울렸다. 어머니였다.

예상과는 달리 부모님의 냉전은 그리 오래가지 않았다. 의외로 이모의 설득에 어머니의 마음이 기울었다. 평소에도 어머니는 큰이모의 이야기는 잘 듣는 편이었다. 경매 사건으로 집에서 나왔을 때도 "그만큼 했으면 됐다"라는 이모의 말에 아버지를 따라나섰던 어머니다. 최근 어머니는 아버지와 함께 건물을 보러 다니느라 덩달아 바빴다.

"엄, 아니 어머니!"

"그냥 편히 불러라. 막둥아, 네가 이쪽으로 좀 와야겠다."

"네?"

오늘 홍 대리는 유독 '네?'라는 물음표가 달린 답을 많이 했다. 그래도 오랜만에 듣는 '막둥이'라는 말에 기분이 좋아졌다. 분명 아쉬운 소리를 하고자 아들에게 전화한 눈치였음에도 말이다. 어머니는 앞뒤 설명은 생략한 채 다짜고짜 본론부터 말하는 경향이 있다. 이번에도 별다른 설명 없이 빨리 홍제동 쪽으로 오라는 말만 남기고는 전화를 끊었다.

'엄마도 참!'

이제 이런 전화에는 익숙해질 법도 했지만, 여전히 적응은 힘들었다. 가끔은 짜증이 나기도 해 학창 시절에는 어머니와 갈등을 빚은 적도 있었다. 나이가 들면서 자신이 바뀌어야 함을 조금씩 깨닫는 중이었다. 노력을 해서 달라지기는 했지만 가끔은 자신도 모르게 울컥하곤 했다.

어머니가 부른 곳은 '행복 부동산'이었다.

"막둥아, 여기서 소개해준 곳이 두 군데 있는데, 난 여기가 마음에 드는구먼. 네 아버지는 도통 선택을 못한다. 네가 아버지 좀 설득해봐라."

홍 대리는 부동산 중개업자가 하는 설명을 들었다. 문득 사하라의 김훈석 변호사가 생각났다. 그처럼 홍 대리도 뭐 하나 놓칠세라 집중력 있게 듣고는 제 나름의 몇 가지 질문을 던졌다. 어머니의 말처럼 두 군데 다 장점은 있었다. 한 곳은 건물이 오래되긴 했지만, 역세권이었고 관리가 잘돼 깨끗한 편이었다. 다른 한 곳은 역세권에서 조금 더 떨어져 있으나, 리모델링을 한 지 얼마 지나지 않았고 주변 시세를 생각하면 저렴한 편이었다. 둘 다 별도 잘 들고 건물에 커다란 하자가 없다는 점은 똑같았다.

"어느 쪽을 선택하셔도 괜찮습니다. 둘 다 세가 잘 나가요."

"그래, 내가 보니까 둘 다 비어 있는 방이 없더라."

아버지의 짧은 변론이었다. 홍 대리에게도 어려운 선택지였다. 어머니는 가격 때문인지 역세권에서 좀 떨어진 곳을 선호했다.

"막둥아, 생각해봐라. 너처럼 젊은 애들이 이왕이면 새 건물을 좋아하지 않겠냐?"

"그렇죠."

"거 봐요. 막둥이도 그렇다고 하잖아요. 그러니까 이거 하자니까요."

"그래도 역에서 가까워야 좋지 않을까……."

"그럼 그걸 하시구려!"

그러면서 말투에는 가시가 박혀 있었다.

"보시다시피 어머님께서 보신 곳은 역세권이 아니지만 가까운 곳에 초등학교가 있어요. 젊은 부부들이 많다는 얘깁니다. 게다가 반지하층이긴 하지만 실상 가보면 1층이나 다름없고요."

"거봐요. 이분 말씀도 그렇다잖아요."

"그래도 내가 보기엔 역세권에, 이쪽 집이 해도 더 잘 드는 것 같고……."

"막둥이 네가 결정해라!"

어머니가 아버지의 말은 귀담아듣지도 않고 툭 내뱉었다. 홍 대리는 아버지처럼 꿀 먹은 벙어리가 되었다. 어머니에게 또다시 한 소리 듣기 전에 홍 대리가 입을 뗐다.

"다른 곳도 좀 더 돌아보고 결정하시죠."

부동산 중개업자는 여기 같은 곳이 또 없다며 설득을 했지만, 어느새 홍 대리는 아버지와 함께 나갈 채비를 하고 있었다.

"나 같은 사람은 눈 뜨고 봐도 모르겠네……."

홍 대리는 자신도 모르게 중얼거렸다.

임금체불 진정서
작성법

:   임금이 체불된 경우 소송으로 해결하기 전에 진정서를 작성하여 고용노동부에 제출하는 것도 하나의 해결 방법이다. 고용노동부 홈페이지(www.moel.go.kr)에 회원가입을 하고 '민원신청'에서 임금체불 진정서의 '신청' 버튼을 누르면 서식이 나온다. 알고 있는 내용은 최대한 구체적으로 작성하며, 주민등록번호 등 개인정보 수집 근거는 근로기준법 제104조 제1항 및 근로기준법 시행령 제59조의 2 제8호에 있다. 다음은 임금체불 진정서의 작성 순서다.

1. '등록인 정보'에는 진정서를 내는 등록인의 신상정보를 정확하게 작성한다.

2. '피진정인'에는 피진정인 인적사항 등 알고 있는 내용에 한하여 최대한 구체적으로 기록한다. 사업장 소재지와 근무지가 다를 경우 '회사주소'란에 근무지의 소재지를 적는다.

◦ 임금체불 진정서

▸ 등록인 정보

·성 명		·주민등록번호	- ·······
·주 소	주소조회		
·전화번호	- -	·핸드폰번호	- -
·이메일			
수신여부확인	⦿ 예 ◯ 아니오 민원신청 처리상황을 문자메시지(SMS), E-mail 통해 정보를 제공 받으실 수 있습니다.		

ⓘ 관련법령 : 전자정부법 시행령 제 90조(민감정보 및 고유식별번호의 처리) 상세보기

▸ 피진정인
·필수입력 항목입니다

·성 명		·연락처	- -
·사업체구분	⦿ 사업장 ◯ 공사현장		
·회사명			
·회사주소 (실근무장소)	주소조회		
·회사전화번호	- -	근로자수	명

▸ 진정내용

·입사일	📅	퇴사일	📅
체불임금총액	0 원	·퇴직여부	⦿ 퇴직 ◯ 재직
체불퇴직금액	0 원	기타체불금액	0 원
업무내용			
임금지급일	매월 0일	근로계약방법	⦿ 서면 ◯ 구두
·제 목			
·내 용(1000byte) 0 byte			

3. '진정내용'에는 입사일과 퇴사일, 체불임금총액 및 체불퇴직금액, 업무내용, 임금지급일 등을 구체적으로 작성하며, '내용'란에는 이를 종합한 사실을 서술한다. 예를 들면 다음과 같다.

"진정인은 2018년 3월 15일 ㈜한국회사에 입사하여 7개월 동안 근무하였으나, 회사 사정이 어렵다는 이유로 2018년 9월부터 2개월간 3,000,000원의 임금을 지급받지 못함."

05
도장이라고
다 같은 도장이 아니다

"이 집안 두 남자는 결정 장애야, 결정 장애!"

그 뒤로 어머니는 며칠을 어디선가 주워들은 말을 아버지와 홍 대리에게 쏟아붙였다. 그러면서도 포기하지 않고 아버지와 함께 건물을 보러 다니기에 여념이 없었다.

회사에서는 살얼음을 디디는 듯한 분위기가 계속됐다. 법무법 인 사하라에서는 전격적으로 사건을 맡아 경고장에 대한 공식 답 변을 보냈고, 이를 시작으로 조정 가능성의 유무를 두고 고군분투 하고 있었다. 저쪽에서도 물건이 된다 싶으니까 끝까지 밀어붙이 는 모양이었다.

"법이란 게 '상대적'이면서 '주관적'이라니까."

휴게실에서 남 대리가 신입사원 하나를 데리고 회사에서 일어난 일련의 사건에 대해 열변을 토하고 있었다. 신입사원은 남 대리의 말에 귀를 쫑긋 세우고 듣고 있었다. 처음에는 다들 저렇게 열심히 들어주다가 시간이 지나면 남 대리를 슬슬 피하곤 한다. 그런데 이번 신입사원은 꽤 오래가는 모양이다. 가끔 볼 때마다 남 대리의 먹잇감이 되어 침 세례를 받고 있었다. 그러면서도 무엇인가 열심히 메모하는 모습도 보였다.

'상대적이면서 주관적이라, 이건 또 무슨 소리지? 법은 객관적인 거 아니었나? 그때 사하라 변호사님이 객관적인 시각이 필요하다고 했는데……. 법전에 나와 있는 대로 판결을 내리는 거 아닌가?'

머릿속에 여러 의문이 떠올랐지만 홍 대리는 침을 꿀꺽 삼키고 참았다. 차마 남 대리에게 물을 수는 없기 때문이었다. 남 대리에게 한번 잡히면 그대로 얼마 동안은 질문에 대한 답 이외에 사변적인 말을 들어야 했다. 법에 대해 궁금증이 일기 시작하자 알면 알수록 더 알쏭달쏭한 게 법인 것 같았다.

"법이 어떻게 주관적입니까? 객관적인 거 아닙니까?"

열심히 듣던 신입사원이 받아쳤다. 홍 대리는 내심 잘됐다고 생각했다. 남 대리가 무슨 말을 할지 기대하며 음료 자판기 쪽으로 다가갔다.

"어이, 홍 대리. 이 친구가 답답한 소리를 한다. 법이 객관적이란

다. 법이란 게 어떻게 객관적일 수 있겠어. 단지 룰만 던져줄 뿐이지. 회사든 어디서든 우리가 사는 곳은 다 경기장이야. 야구나 축구도 보면 규칙이 있잖아. 만약 규칙을 모르고 경기에 임하면 어떻게 될까? 게임도 제대로 못하고 아웃당하는 건 당연지사야. 포수가 하는 사인을 투수가 못 알아들었다고 하면 용서가 되냐? 법이란 건 경기자가 규칙을 아는 것과 비슷한 거야. 우리가 사는 곳은 별별 일이 다 생겨요. 그 변수를 알기도 힘들고. 그런데……."

'규칙이랑 주관적인 거랑은 또 무슨 상관이지? 오히려 규칙은 객관적인 기준 아니야?'

"홍 대리! 표정 보니까 자네도 이해 못한 거 아냐?"

남 대리가 하는 말을 듣고 있자니 맞는 말 같기도 했지만, 무슨 말인지 정확히 이해가 되지 않았다. 남 대리는 홍 대리의 석연치 않은 표정과 그러면서도 자신의 말에 흥미가 있다는 걸 읽은 모양인지, 말을 하다가 멈추곤 홍 대리에게 물었다. 홍 대리가 남 대리에게 걸렸다고 생각한 순간, 서 과장으로부터 홍 대리를 찾는다는 전갈이 들려왔다. 홍 대리는 남 대리의 아쉬움을 뒤로하고 사무실로 향했다.

"홍 대리, 일단락됐다!"

"네?"

"S 패치 말이야. 비슷한 이름이고, 자신들이 먼저 상품을 출시해 사용했다고 그쪽이 주장했잖냐? 그런데 상표는 우리가 먼저 등록했고, 상품명도 소비자에게 혼란을 줄 정도는 아니라고 우리가 논리적으로 강하게 반박하니까, 소송까지는 하지 않겠단다."

홍 대리에게는 마치 판사가 판결을 내리고는 망치를 '탕탕' 두 번 내리치는 순간처럼 느껴졌다. 환호라도 지르고 싶었다.

"그건 그렇고, 홍 대리. 이번 주 금요일 저녁에 회사에서 발생할 수 있는 법률적인 사건과 그에 대한 대응 방법을 교육하는 외부 워크숍이 있는데, 일단 팀별로 한 명씩 다녀오기로 했다. 회사에서 앞으로는 직원들이 기본 법률 사항에 대해 실수하는 일이 없도록 교육을 확대할 방침이야. 이번에는 홍 대리가 우리 팀 대표야."

"네, 그렇죠. 사람이 경기장에 들어왔으면 규칙을 알아야 제대로 게임을 하죠."

"그건 뭔 소리냐? 네가 남 대리냐?"

"아, 아니. 제가 요즘 법에 관심이 생기니까, 법이라는 게 우리와 동떨어진 세계가 아니었다는 생각이 들더라고요. 알면 피할 수 있는 일도 있고, 쉽게 일을 해결할 수도 있고요. 그러니까 경기가 원활하게 진행될 수 있도록 규칙이 꼭 필요하듯, 법도 그런 게 아닐까 하는 생각이 든다고요."

"듣고 보니 그러네. 역시 이번 워크숍은 자네가 적임자야. 잘 듣고 와서 회사 일, 아니 경기를 잘 뛰어 점수 좀 얻어보자고."

워크숍 장소에는 이미 많은 사람이 도착해 앉아 있었다. 플래카드를 보니 신입사원을 대상으로 진행되는 강연이었다.

"안녕하십니까? 한솔유통 법무팀 최우빈입니다."

'어? 그때 그 무빙워크?'

"회사 생활은 어떠십니까? 회사에 들어오기 전 마음하고 지금 마음이 달라졌나요? 저도 처음에 회사에 입사했을 땐 나도 뭔가 큰일을 해봐야겠다, 회사의 중요한 인재가 되어야겠다, 이런 생각을 했습니다. 그런데 막상 회사 생활을 하다 보니 홈런은커녕 그냥 안타 정도만 쳐도 감사하겠다 싶더라고요. 나중에는 아웃만큼은 피하자라는 바람이 생겼고요."

장내에는 가벼운 웃음이 일었다. 그래도 홍 대리는 아직 안타는 쳐야겠다는 생각을 하던 중이었다.

"여러분은 이제 막 회사라는 경기장에 들어오신 겁니다. 제가 '안타'나 '아웃'이라는 말을 사용했는데 회사 생활을 한번 야구 경기라고 생각해볼까요? 야구를 하려면 야구 규칙을 알아야 합니다. 만약 규칙을 모르고 경기에 임했다면 어떻게 될까요? 게임을 제대로 해보지도 못하고 아웃당하고 말 겁니다. 법을 안다는 건 경기장의 규칙을 안다는 것과 같습니다. 모르는 게 있다면 조사를 해보고, 그래도 모르겠으면 누군가에게 물어야 합니다."

'남 대리가 하던 말이랑 똑같잖아? 남 대리가 그럼 그렇지, 저걸

똑같이 외울 정돈데 시험은 왜 떨어진 거야……'

홍 대리는 남 대리가 혹시 최우빈 팀장의 말투까지 똑같이 흉내 낸 것은 아닌가 하는 생각에 웃음이 났다.

"신입사원일 때 가장 조심해야 할 건 실수를 숨기지 말아야 한 다는 것입니다. 잘못됐다고 혼자 어떻게든 해보려고 숨기면 오히 려 더 큰일이 되어 수습하기가 힘들어집니다. 어려울 땐 도움을 구하세요. 혼자 해결하려고 하지 마시고요."

여기저기서 고개를 끄덕이는 사람이 보였다.

"혹시 여기 배가 나와서 예전에 입던 옷이 맞지 않는 분, 계신가 요? 아무래도 신입사원이니까 아직은 없겠죠?"

장내에는 또 한 번 웃음이 퍼졌다. 최우빈 팀장은 강약을 조절 해 법률적인 사항은 비유를 들어 핵심만 쉽게 설명해주었다.

"법은 사람의 필요에 의해 만들어지긴 했지만, 사람들이 살아가 는 현실과 맞지 않을 때가 있습니다. 신입사원 때는 날렵했던 몸 매가 배가 나오기 시작하자, 전에 입던 옷들이 안 맞는 것처럼 말 입니다. 사람들이 살아가면서 만든 게 법이기 때문에 사람들의 삶 이 변하면 법 또한 당연히 바뀌기 마련이고, 또 바뀌어야 합니다. 법은 점점 더 복잡해집니다. 우리도 사내에서 규칙을 배우고 일 을 해나갈수록 알아야 하는 게 많아지죠? 옷이 맞지 않는다고 해 서 아예 벌거벗고 다닐 수는 없는 것처럼, 간혹 규칙이 변할 때는 과거의 규칙에 너무 연연해하지 않아도 됩니다. 룰을 알고 게임을 뛰다 보면 점차 유연성이 생기니까요. 여러분은 하나의 관문을 통과해 이 자리에 오셨습니다."

최우빈 팀장은 신입사원들의 눈을 맞추며 목소리에 힘주어 말했다. 좌중은 조용했고, 숨소리 하나 들리지 않았다.

"경기장에 들어오신 여러분을 환영합니다. 혹시 넘어지더라도 그게 끝이 아니라는 걸 기억하시기 바랍니다. 이번 일이 치명타는 아니라고 마음을 다잡아야 합니다. 물론 마치 세상의 전부인 것마냥 고민하고 실패했다는 생각에 사로잡히겠지만, 그건 아닙니다. 경기를 하다 보면 피할 수 없는 게 다가올 때가 있습니다. 피하지 말고 맞서 즐겨주세요!"

'즐기라, 법을 알게 되면 게임에서 승률이 높아질까?'

홍 대리는 강연을 통해 법이라는 세계에 한 발 더 들여놓은 것 같았다. 세상에는 우리가 상상하지도 못했던 다양한 일이 발생하고, 그때마다 여러 법률적인 상황을 겪으며 어려움과 대면한다.

"사람은 서로 생각과 행동, 가치관이 다릅니다. 필연적으로 갈등이 발생할 수밖에 없고, 경우에 따라서는 법률 분쟁으로 확대되기도 합니다. 분쟁을 피할 수는 없습니다. 하지만 그 상황에 대비해 사전에 준비하고 관리하는 일은 물론 할 수 있습니다!"

홍 대리는 최우빈 팀장의 마지막 말을 가슴에 새겼다. 이번에도 자신에게 판사의 선고가 내려진 것처럼 가슴속에서 '탕탕' 판사의 망치 소리가 울렸다. 온몸에 전율이 일었다.

'막내야, 우리 건물 결정했다!'

홍 대리는 깜짝 놀랐다. 어머니에게서 메시지가 왔다.

그때 홍 대리의 어머니는 가슴 한복판을 세게 두드리고 있었다.

"찍어요! 좀!"

도장을 들고 쉽게 찍지를 못하는 홍 대리의 아버지를 향해 어머니가 재촉했다.

"벌써 인주 다 말랐겠수."

"허허. 이 사람아, 알았어. 알았다고!"

아버지가 도장을 찍는 순간 드디어 부모님은 건물주가 되었다.

"결정 잘하신 겁니다. 이런 물건, 이 가격에 어림도 없습니다!"

부동산 중개업자가 마지막으로 한 말을 듣자 부모님은 비로소 활짝 웃었다. 두 달 내내 거의 매일을 다리품 팔아 다닌 결과였다. 아버지 성격상 몇 달은 더 돌아다녀야 하는데, 어머니의 통박과 추진력에 아버지가 지고 말았다. 어머니는 아버지를 따라다니며 하루가 멀다고 투덜거렸다. 어머니는 보고 온 건물에 대해 '이걸 물어볼 걸 그랬다', '저걸 더 볼 걸 그랬다' 하는 말을 계속 늘어놓았고, 그 옆에서 아버지는 묵묵히 인터넷을 뒤져가며 수첩에 무엇인가를 끄적거렸다.

　그렇게 티격태격하면서도 두 분은 서로 질세라 열성적으로 적당한 건물을 찾아다녔다. 처음에는 아버지의 결정을 탐탁지 않아 하던 어머니도 건물을 사기로 마음이 서자 아버지보다 더 열심이었다. 그런데 허망하게도 수많은 시간을 쏟아 돌아다녔지만, 결국 계약한 건 초기에 보고 고민하던 두 건물 중 어머니가 밀던 그것이었다. 아버지도 마지막에는 꼭 어머니의 말씀을 따랐다.

　부동산에서 나온 두 분은 다시 한 번 건물 앞에 서서 한참 동안이나 건물을 바라보았다.

　"갑시다, 이제. 계약서는 잘 챙겼지?"

　"이제 이게 우리 건물이라는 거죠? 막내 말대로 이젠 우리도 주님이네요."

　"사람 참. 계약에는 문제없겠지?"

　"몇 번이나 확인했잖아요. 법무사까지 와서 자세히 설명해주고, 우리 보는 앞에서 도장도 찍고, 부동산도 끼고 했는데 잘못될 일이 뭐가 있어요. 얼른 가요. 곧 비가 내릴 것 같아요."

　차를 타고 한 십 분 정도 되니까 빗줄기가 굵어졌다. 홍 대리의 어머니는 차 안에서 또 계약서를 꺼내 보았다. 한 글자 한 글자 꼼꼼히 읽었지만, 특별한 점은 눈에 띄지 않았다. 계약서를 봉투에 고이 집어넣으려는 찰나, 차가 앞으로 쏠리며 끽 소리를 냈다.

"무슨 일이에요?"

"당신 괜찮아? 차 앞에 뭐가 뛰어들어서."

고양이 한 마리가 인도로 올라서더니 공원 안으로 들어가는 게 보였다. 금방 모습이 사라졌다.

"아휴, 간 떨어질 뻔했네."

"여기는 신호등도 없네요. 잘못하다간 큰일 나겠어요."

"그러게 말이야. 저기, 저기 좀 봐봐. 뺑소니 목격자를 찾는 플래카드도 두 개나 걸려 있네."

"사고 당한 사람만 억울하지 뭐."

횡단보도도, 신호등도 없는 사각지대였다. 오히려 큰 도로보다 이런 도로에서 사고 날 확률이 훨씬 높았다.

"교통법은 무조건 차가 아닌 사람 편이야."

"횡단보도에서 사고가 나면 보상을 받긴 하지만, 무단횡단이나 그런 거라면 사고가 나도 보상을 못 받는다던데요. 내 친구 아들이 처음에 운전하다가 뺑소니범으로 몰렸는데, 뭐 고의로 도주한 게 아니라는 판결이 나와서야 무혐의가 됐대요."

"법이 먼전가, 사람이 먼저지."

"사람이 별로 안 다쳤대요. 요새 법 공부 좀 했다면서요. 사람이 왜 이렇게 허술한지. 법이 그렇게 정에 웃고 정에 우는 거랍니까?"

"사람이 이렇게나 많이 다쳤는데, 더 큰일 치르기 전에 신호등이 생기면 좋으련만. 민원이라도 넣어야 하나……."

법률 Cafe

로드킬을 피하기 위한 2차 사고, 누구의 잘못일까?

: 민법, 도로교통법

고속도로에서 주행 중 도로를 건너려 하던 길고양이와 부딪친 후 놀라 중앙분리대와 가드레일을 들이받고 도로에 비스듬히 멈춰 섰다. 그러다 뒤에서 오던 차량이 정차된 차량을 들이받아 2차 사고가 발생했다면, 이 사고의 과실 책임은 몇 대 몇일까?

'과실상계'라는 개념이 있다. 이는 사고 발생 시 양측의 과실이 있다면 이를 적당히 비교 교량하여 손해액을 산정해야 한다는 원리다. 과실상계는 피해자와 가해자의 직업, 주의 의무 능력, 상황 등을 종합하여 판단하며, 사실심의 전권 사항에 속하기 때문에 특정한 사건에 대하여 어떠한 결론이 나올 것이라고 일률적으로 판단할 수 없다. 대법원 판례에서는 결빙상태의 도로를 운전하면서 선행 차량이 1차 사고를 낸 뒤 후행하는 차량이 선행 차량을 들이받아 2차 사고가 난 경우, 선행 차량의 운전자에 대하여 10%의 과실상계를 인정한 선례가 있다(대법원 2004. 2. 27. 선고 2003다6873 판결).

로드킬을 피하기 위해 일어난 2차 교통사고 사례에도 이와 같은 결빙상태의 선례를 적용해볼 수 있겠다. 사안에서는 갑자기 나타난 야생동물을 피하지 못해 사고가 먼저 발생했고, 그로 인해 후행 차량의 통행을 방해하게 되었는데, 후행 차량 역시 전방 주시 의무와 차량 간격을 준수할 의무가 있음에도 이를 위반한 과실이 있다면 감안되어야 한다. 그러한 구체적인 과실 정도에 따라 과실 책임이 안분되어야 하고, 그렇다면 선행 사고 차량의 과실 10%, 전방 주시 의무와 차간거리 유지 의무를 준수하지 않은 후행 차량의 과실 90% 정도로 평가할 수 있다. 물론 구체적인 상황에 따라 그 비율은 크게 달라질 수 있으며, 야생동물이 자주 출몰하는 지역에서 사고가 났다면 이를 방치한 한국도로공사의 책임 역시 존재할 것이다.

빗발이 더 굵어지기 시작했다. 차 안에서 요란한 전화벨 소리가 울렸다.

"애비다."

홍 대리의 아버지는 그 한마디만 하고는 아무런 말없이 수화기 너머의 목소리를 들었다.

"알았다. 재영이 데리고 집으로 오너라."

아버지의 마지막 말이었다. 전화하는 내내 단 두 문장뿐이었다.

"승연인 것 같은데, 왜 이렇게 심각해요. 재영이 데리고 집으로

온대요?"

"……."

어머니는 아버지의 표정을 살폈다.

"승연이가 이혼하고 싶다고 그러네."

"이혼을 하고 싶다고 해서 하는 거였으면, 백번도 더 했지. 다들 그렇게 사는 거지."

"승연이도 아직 젊은데, 요새 이혼은 흠도 아니야."

"꽉 막힌 당신이 어쩐 일이에요. 이혼하고 뭐 다른 사람 만나면 특별할 게 있을 줄 알아요?"

"우리 승연이 일도 잘하겠다, 이혼하고 위자료랑 양육비 받으면서 자식 하나 못 키우려고."

"위자료요? 그거 그렇게 많이 받을 수 있는 것도 아니랍디다. 내 친구 딸도 이혼했는데 딱 일 년 좋았다지, 아마. 이혼 도장 찍는 게 그리 쉽답니까? 하물며 우리도 건물 사려고 이리저리 돌아다니고, 신중에 신중을 기해서 도장을 찍었는데. 사람의 연이 어디 그리 쉽게 끊어져요? 도장만 찍으면 끝나냐고요."

홍 대리의 부모님은 한동안 말이 없었다. 홍 대리의 아버지는 아내의 말을 곱씹어봤다. 경매 때도 건물을 살 때도 이혼을 할 때도 도장을 찍는 건 같지만, 도장이라고 다 같은 도장은 아니었다. 그런데 도장 하나 때문에 가정이 흔들리기도 하고, 기쁨이 되기도

하고, 사람과 인연을 끊기도 한다니. 도장이라는 게 그리 쉽게 찍
을 수만은 없는 무거운 일 같다는 생각이 아버지의 가슴을 무지근
하게 내리눌렀다.

임대차계약서 작성 시
유의할 점

:   일상생활의 범주에서 사람들이 가장 많이 체결하는 계약의
유형이 임대차계약일 것이다. 관련 내용을 알고 있으면 계약 시 궁금
한 점을 물어볼 수도 있고, 만약의 경우에 신속하게 대처할 수도 있
다. 하지만 잘 모를 때는 혹시라도 불이익을 당할 수 있으니 꼼꼼히
숙지하도록 한다. 아래에서 임대차계약을 체결할 때 필수적으로 알
아야 할 내용을 소개하고자 한다.

1. 부동산의 대장, 등기 등 공적 장부를 확인한다

계약을 체결할 부동산의 토지등기부등본과 건물등기부등본을 모두 확인해야
한다. 등기부는 임대차계약을 체결할 때 확인하고, 잔금을 치르기 전에도 다시
한 번 확인하는 것이 좋다. 국토교통부에서 운영하는 인터넷 '일사편리' 부동산
통합민원 홈페이지(kras.go.kr:444)를 이용하면 부동산 관련 증명서 18종을 확인
할 수 있다.

해당 부동산 등기부등본에 선순위 근저당권이 설정되어 있는지, 가등기·가처분·가압류가 되어 있는지를 확인하여 추후에 임대차 보증금을 돌려받을 수 있을지도 판단해봐야 한다.

2. 임대인 본인이 맞는지 확인한다

임대인이 주택의 소유자인 경우에는 임대인의 주민등록증과 부동산 등기부상의 소유자 인적사항과 일치하는지 검토해야 한다. 주택 소유자의 대리인과 임대차계약을 체결할 경우에는 위임장과 인감증명서를 반드시 요구하여 적법한 대리인이 맞는지 확인해야 한다.

3. 계약 후에는 반드시 주택임대차보호법상 '대항력'과 '우선변제권'을 갖춘다

임대차계약 기간 중 부동산의 소유자가 바뀔 경우 새로운 임대인에게 임대차 보증금의 반환을 요구하기 위하여 주택임대차보호법상의 '대항요건'을 갖춰둘 필요가 있다. 임차인이 주택을 인도받고 주민등록을 마친 때에는 그다음 날부터 대항력이 생기고, 전입신고를 한 때에 주민등록이 된 것으로 본다. 또한 나중에 임차주택이 경매 등으로 처분될 경우 임차인이 '우선변제권'을 취득하면 임대차보증금을 최우선으로 배당받을 수 있다. 우선변제권은 임차인이 대항요건(주택의 인도 및 전입신고)과 임대차계약 증서상의 확정일자를 갖춘 경우 취득할 수 있다. 확정일자는 주택 소재지 읍·면사무소, 동 주민센터에서 부여받는다.

4. 상가의 경우 권리금의 순환 과정을 이해한다

'권리금'은 임대건물의 주변 여건, 각종 시설, 거래처 등을 이용하는 가치에 대하여 전 임차인이 후속 임차인으로부터 임대차 종료 시 반환받는 것이다. 2015년 5월 13일 당시 존속 중인 임대차부터 개정된 상가건물임대차보호법상의 '권리금회수기회의 보호(제 10조의 4)'의 규정을 적용받는다.

이때 임대인은 권리금 계약에 따라 임대차 기간이 끝나는 날로부터 3개월 전에서 임대차 종료 시까지 임차인이 주선한 신규 임차인이 되려는 자로부터 권리금을 지급받는 것을 방해해서는 안 된다. 한편, 부동산이 경매 또는 재건축·재개발되는 경우에는 후속 임차인이 없는 상태가 되므로 전 임차인의 권리금을 회수할 기회가 차단된다. 이에 관해서는 아직 명시적인 보호 규정이 없으므로 더욱 주의해야 한다.

2부

법, 알면 득!
모르면 독!

01
알았다면
당하지 않았을 일들

"할모니."

재영의 목소리가 무거운 집안 분위기를 깼다.

"에구, 내 강아지 왔네."

"웅웅, 할모니 강아지."

어린 재영이는 어머니의 품에 안겨 자신의 볼을 비벼댔다. 어머니는 재영이를 데리고 부엌으로 갔다. 홍 대리의 누나 승연은 부모님께 인사도 하는 둥 마는 둥 고개를 제대로 들지 못했다.

"밥은 먹고 다니냐?"

물꼬를 튼 것은 어머니였다. 승연은 그저 말없이 고개만 저었다. 어머니는 금방 한 상을 차렸다. 된장찌개에서 따뜻한 김이 올라왔다. 승연은 몇 술 뜨다가 숟가락을 다시 내려놓았다.

"억지로라도 먹어라. 배가 든든해야 뭐든 하는 법이다."

어머니는 손주에게 밥을 떠주면서도 내심 계속 딸 승연을 신경 썼다. 딸의 입에서 '이혼'이란 단어가 나올까 봐 조마조마했다. 아무리 세상이 달라졌다고는 하지만, 아직 어머니의 생각에 여자 인생에 이혼이란 고생길로 접어드는 것과 다름없었다. 귀하고 금쪽 같은 내 새끼가 고생문을 향해 걸어가고 있는데, 이를 말리지 않을 부모가 어디 있겠는가.

어머니는 딸의 밥그릇을 가져다가 된장을 푹 떠서 넣고 비벼주었다. 그리고 밥그릇을 다시 딸의 앞에 디밀었다. 승연은 힘을 내보기라도 하듯 밥을 듬뿍 떠서 입에 넣었다.

"할모니, 나도, 나도."

오래간만에 웃음이 일었다.

"뭐가 그렇게 재미있어요? 아들 들어오는 것도 모르고?"

"왔어? 막둥아. 깁스는 풀었네?"

"응, 푼 건 좀 됐지."

"근데 배상은 좀 받았나?"

"응. 이제 사건이 종결된 모양이야. 아이 부모와 회사가 책임 부분에 대해 합의를 했다고 하니 이제 배상 처리도 신속히 될 거고, 위자료도 곧 나오겠지?"

"이왕이면 다홍치마라고, 많이 받았으면 좋겠다!"

"그게 우리 맘처럼 쉬운 게 아니야. 부상의 정도도 있고, 내가 일을 하기도 하니까 임금이랑도 연결돼서 다 법적인 근거를 토대로 계산한다니까."

"그런거야? 근데 아이 부모도 일정 부분 책임이 있다는 거네?"

"민법 제……, 아무튼 몇 조에 의하면 '책임 무능력자 감독자 책임'이라는 조항이 있어. 그러니까 아이는 책임질 수 있는 능력이 없으니, 그 아이 부모에게 감독을 제대로 하지 못한 책임이 있다는 거지."

"뭐야, 그럼 아이 부모가 전부 책임져야 한다는 거야? 너무 심하다. 마트 안에서 사고가 났는데도 그쪽은 책임이 없다는 게 말이 되냐?"

"물론 그 마트 회사도 방문한 고객 모두가 안전하게 쇼핑할 수 있도록 관리자로서 시설물을 관리하고, 최선의 상태로 유지해야 할 법적인 의무는 부담하고 있지. 그러니까 서로 책임 소재에 대해 계속 다투다가 합의를 한 게 아닐까 싶은데……. 상황마다 다르겠지만 이번 일은 일곱 살짜리 아이가 무빙워크 근처에서 혼자 놀다가 비상정지 버튼을 눌렀다는 것, 또 보호자는 쇼핑하느라 아이가 한참을 어디서 무얼 하고 있었는지 전혀 몰랐다는 것, 이 두 가지가 주요 골자였어. 그나마 아이가 무빙워크 레일 근처에서 놀면서도 안 다쳤기에 다행이지. 누나도 재영이랑 무빙워크 같은 거에 탈 때 꼭 주의를 시키고 보호해야 해. 어떤 쇼핑몰에서는 네 살 아이가 혼자 놀다가 에스컬레이터랑 6층 복도 사이로 떨어졌는데, 부모 책임이 80퍼센트라고 본 판례도 있다더라."

"그래?"

"그래? 하고 그냥 끝낼 일이 아니라니까. 마트에서 이용객이 많은 혼잡 시간에는 무빙워크 주위에 안전요원을 배치했어야 한다는 법원 판결도 있긴 한데, 쉽게 판단할 수 있는 문제는 아니니까 말이야."

"그래서, 네 생각에는 어떻게 끝날 것 같아?"

"아마 7대 3이나 6대 4 정도로 판결이 나지 않을까 싶어. 아무래도 마트 시설물이 잘못된 쪽은 아니었으니까. 만약 무빙워크가 고장이나 하자가 있어서 발생한 사고라면 100퍼센트 마트 책임이겠지만."

"우리 막둥이, 언제 이렇게 유식해졌어?"

"삼십 평생을 살아오면서 겪을 일을 요즘 한방에 다 겪다 보니까, 법에 관심이 안 생기려야 안 생길 수가 없더라고. 뭘 알아야 내가 피해 보지 않고, 배상도 받을 건 받고 하지. 게다가 나도 회사에서 고객들을 상대하려면 이쯤은 알아둬야 해. 고객들이 전화하면 항상 하는 말이 뭔 줄 알아?"

"뭔데?"

"누나도 자주 하는 말일걸? '물건이 이상해요. 바꿔주세요!' 심한 경우에는 '이것 때문에 신경 쓰느라 정신적인 피해도 받았어요! 환불 안 해주면 고발할 거예요. 당신 이름 뭐라고요?' 그런다니까. 한 1~2년 지나니까 이제 뒤로 무슨 말을 할지 안 들어도 알겠더라."

"그러면 어떻게 대응하는데?"

"그때그때 고객이 어떤 스타일이냐에 따라 다르지. 숙이고 들어가야 할 때도 있고, 어르고 달래야 할 때도 있고, 강하게 나가야 할 때도 있고."

"야, 너도 보통 스트레스가 아니겠다."

"그렇지 뭐. 그래도 요샌 법 공부 좀 하니까 낫더라고. 고객이 억지를 쓰면 내가 손해배상이란 게 뭔지부터 해서 법 조항을 운운해. 그러면 막무가내로 나오려다가도 조금 수그러들더라고."

"근데 손해배상은 그냥 돈으로 물어주는 거 아냐? 무슨 설명이 필요해?"

"맞아. 손해배상이라는 게 물질적으로나 정신적으로 피해를 본 것에 대해 손해가 없던 상태로 복구해주는 건데, 왜 물어줘야 하는지, 얼마를 물어줘야 하는지에 대해서도 근거가 필요하거든. 하지만 막상 이렇게 구체적으로 물어보면 사람들이 대답을 쉽게 못하더라고."

"듣고 보니 그러네. 오, 홍승수 공부 좀 했는데? 너한테 상담받아도 되겠다."

"언제든 콜. 이제 변호사 홍승수라고 불러줘. 그건 너무 심했나? 법무사 정도? 하하."

홍 대리는 너스레를 떨며 웃었다. 호탕하게 웃는 삼촌을 본 재영이도 따라 웃었다. 어머니와 승연은 그런 재영이를 보며 또 같이 웃었다.

'특별한 손해배상 책임이라⋯⋯.'

홍 대리는 내친김에 손해배상에 관한 여러 가지 실제 사건 판례를 찾아보았다.

법률 Cafe

손해배상 관련 흥미로운 판례들!

: 민법

1. 제임스 딘의 퍼블리시티권 사건

미국 유명 영화배우 제임스 딘의 상속인이 제임스 딘의 초상과 서명을 제품 포장지 등에 표시하여 상품을 판매한 우리나라 의류 브랜드에 대해 제임스 딘의 퍼블리시티권(유명인이 자신의 성명이나 초상을 상품 등의 선전에 이용하는 것을 허락하는 권리)을 침해했다며 손해배상 및 침해행위의 금지, 물건의 폐기를 청구한 바 있다. 이에 서울고등법원은 "우리나라는 물권법정주의(물권은 법률 또는 관습법에 의하는 외에는 임의로 창설하지 못한다는 원칙)에 따라 퍼블리시티권을 물권으로 인정하고 있지 않다"라며 원고의 청구를 기각한 바 있다(서울고등법원 2002. 4. 16. 선고 2000나42061 판결).

2. 故 노무현 전 대통령을 비하하는 시험 문제를 낸 교수에 대한 손해배상 청구 사건

서울의 어느 대학 교수가 기말고사에서 노무현 전 대통령의 죽음을 조롱하는 듯한 표현을 담은 내용으로 시험을 출제하여 노 전 대통령의 유족이 그에 대한 손해배상을 청구한 적이 있다. 이에 대법원에서는 유족의 망인에 대한 추모감정을 침해한 이유로 위자료 500만 원의 배상을 인정하였다. 공적인 인물의 자살이자 사적으로도 비극적인 이 사건을 소재로 삼아, 이를 조롱·비하하는 표현을 포함한 시험 문제를 내면서까지 학생들이 얻을 수 있는 학문적 이익을 상정하기 어렵다고 본 것이다.

"승수야……."

승연이 홍 대리의 방문을 열고 들어왔다.

"혹시 너 아는 변호사 있으면 나랑 내일 같이 가서 상담해줄 수 있어?"

"왜?"

"이혼 상담."

"누나, 진심이야?"

"말 그대로 상담이야."

승연은 길게 말하기를 꺼려 했다. 홍 대리도 그런 누나에게 더이상 캐묻지 않았다. 홍 대리가 아는 변호사 사무실이라고는 사하라밖에 없는데, 회사 일로 먼저 얽힌 곳에서 상담을 한다는 게 마음이 가볍지만은 않았다.

몇 번을 망설이다가 홍 대리는 남 대리에게 전화를 걸었다. 남대리는 전화를 받지 않았다. 오히려 안도의 한숨을 내쉬었다. 괜히 남 대리에게 잘못 말을 꺼냈다가 소문이 나는 것보단 전문가와 상담하는 편이 낫겠다는 쪽으로 생각이 기울었다. 고객 상담 내용을 함부로 누설하는 변호사는 없을 것 같았다. 인터넷을 뒤져 가장 친절하고 자세한 댓글로 소통하는 곳에 상담이 가능한지를 비공개로 물었다.

"나도 참, 변호사가 그럴 리 없지. 내가 생각해도 바보 같네."

홍 대리의 부모님은 아침 일찍 승연을 불러 타일렀다. 무슨 일이 있는 거냐고 물어도 자세히 얘기하지 않는 승연이 답답하기만

했다.

"사는 게 다 그렇지. 무슨 일이 있다고 이혼하면 나는 네 아버지하고 골백번은 더 했을 거다. 경매 사건 때는 어떠냐. 이혼이라는 게 그렇게 쉽게 할 수 있는 거였으면 나도 그때 하고도 남았다. 네 아버지가 밉다한들 어떡하냐. 미운 정도 정인걸. 우리처럼 평생을 살아도 나는 네 아버지를 아직도 모른다."

"……."

"그래. 네 엄마 말처럼 이혼이 쉬운 것도 아니고. 이참에 집에서 좀 쉬었다가 가라. 나중에라도 정 안 되겠으면 그때 다시 생각해보자."

"이 양반이 그걸 말이라고 해요? 사사건건 꼬장꼬장하게 굴고 결정도 못 내릴 땐 언제고, 딸 문제는 왜 이렇게 관대한지 몰라."

티격태격하는 부모님 때문에 승연은 결국 알겠다고 대답했다. 그러면서도 홍 대리에게는 변호사에게 연락을 넣어달라는 부탁을 잊지 않았다. 홍 대리는 새롭게 알게 된 사실이 있었다. 변호사도 각 분야의 전문 변호사가 있다는 것이다. 홍 대리는 상담 신청을 넣은 변호사와 약속을 잡고 승연에게 사실을 알렸다.

홍 대리에게 같이 가달라고 부탁했던 승연은 이내 번복하고 혼자 가서 상담만 받고 오겠다고 말했다. 홍 대리는 누나만 혼자 보내는 게 마음에 걸렸지만 본인의 뜻에 맡겼다.

"아무리 협의이혼을 한다고 해도 그 절차가 쉽지는 않습니다."

"서류 작성하고 도장 찍어서 제출하면 되는 거 아닌가요?"

"부부가 함께 오셔서 신청서를 제출한 후에도 전문가와 상담을 하는 등의 조정기간이 있고, 자녀 양육이라든가 하는 문제에 대해서도 협의를 해야 하고요. 적어도 몇 개월, 길게는 해가 넘어가기도 합니다."

"생각했던 것보다 더 복잡하네요."

"그래서 도중에 이혼을 포기하기도 하고, 마음을 돌이키시는 분도 꽤 됩니다. 자녀 양육 문제가 가장 중요하지만 재산 문제는 더 복잡해집니다. 위자료, 양육비, 재산 분할인데 재산 분할은 나중에 생활하는 데 매우 중요하기 때문에 아주 신중해야 합니다."

승연은 변호사의 이야기를 들으며 이혼에 대해 자신이 알고 있던 생각들이 얼마나 막연했는지를 깨달았다. 결혼 전에는 남편의 단점들이 그렇게 심각한 문제는 아니었다. 그런데 막상 부부가 되어 보니 그러려니 하고 가볍게 생각한 부분들이 현실에선 크게 다르다는 점을 피부로 느꼈다.

'아는 것과 현실은 언제나 다르구나.'

승연은 한숨을 폭 쉬었다. 남편이 주식을 하다가 큰 손해를 봤다는 것을 최근에야 알게 되었다.

'그냥 회사나 성실히 다닐 것이지. 주식은……'

주식을 해서 돈을 날린 것도 날린 것이지만 시댁의 일도 너무나 힘들었다. 아들 하나만 바라보고 있는 시댁 식구들은 무슨 문제만 생기면 남편을 찾았다. 최근 승연은 자기도 모르게 시댁의 전화를 피하고 있었다. 며느리의 눈치를 살피고 있는 것은 시댁 쪽도 마찬가지였다.

결혼을 하고 나니 친정이라고 편한 것도 아니었다. 시댁보다는 낫겠지만 친정 식구들에게 맘 편히 속마음을 얘기하는 것도 무척 어려운 일이었다. 그나마 홍 대리가 자매처럼 자신의 얘기를 들어주는 유일한 사람이었다. 비록 동생이지만 남자 형제라서 든든한 마음이 들기도 하고, 여동생처럼 편하기도 했다.

승연은 중간에 마음을 돌린 수많은 사람 중의 한 명처럼 다시 한번 노력해보기로 결심했다.

"회사에는 휴가 좀 냈어요. 재영이랑 며칠만 쉬었다 갈게요."

"그래, 부부싸움은 칼로 물 베기라 하잖니. 박 서방도 계속 연락 오는 것 같던데 못 이기는 척 넘어가주렴."

"네."

승연은 스스로 최면을 걸었다. 실제 이혼 절차를 밟고 있는 것은 아니지만, 지금은 조정기간을 보내고 있는 중이라고. 그 기간 안에 현실의 변화가 일어나기만을 간절히 바랐다.

홍 대리는 누나가 일단 마음을 돌이켜준 것 같아 편한 마음으로 출근했다. 엘리베이터의 문이 닫히려는데, 누군가 발을 밀어 넣었다. 남 대리였다.

"홍 대리, 미안. 내가 바쁜 일이 있어서."

"무슨 말씀이신지……."

"왜, 전화했었잖아. 무슨 일 때문이야?"

"아, 아니에요. 그냥 뭐 하나 물어보려고 했는데 이제 필요 없게 됐네요."

남 대리는 갑자기 허리를 숙이고 자전거를 타는 모양을 취했다.

"나 누구 같냐?"

"누구는? 이번에는 뭐에요. 올림픽 시즌도 아닌데, 갑자기 쇼트트랙 선수 흉내를 내고."

"홍 대리! 지금 뭐라고 했어? 쇼트트랙? 이게 어디가 쇼트트랙이야. 자전거지. 자전거!"

"아, 그랬나요."

홍 대리는 일부러 남 대리를 놀려주려고 딴청을 부렸다.

"그런데 갑자기 자전거는 왜요?"

"아, 우리 이번에 소송 건 말이야."

"에이, 소송까지는 안 갔잖아요."

"그건 그렇지. 근데 문제는 오히려 다른 쪽에서 생겼어!"

"알아듣게 좀 얘기해주세요."

"그 왜 홈쇼핑에도 나오는 유명 헬스트레이너 있잖아. 그 사람이 S 패치 제조업체에 연락해서 S 패치를 자기가 운영하는 회사에 'Special 패치'라는 이름으로 공급을 해달라고 했대. 그러니까 제조업체에서 바로 우리랑 계약을 파기하고 그 회사에 공급하기로 했나봐. 그런데 그 헬스트레이너란 사람이 영향력이 너무 세니까, 우리가 문제를 제기하면 나중에 홈쇼핑에서 우리 회사 상품을 하나도 취급하지 않을 수 있다네? 회사에서는 부당하지만 대응을 안 하기로 결정했고."

"네?"

"뭘 그렇게 놀라. 경쟁 사회에서 이익을 따라 움직이는 게 당연한 거지."

남 대리는 끝까지 자전거 타는 헬스트레이너를 흉내 내며 엘리베이터에서 내렸다. 남 대리의 몹쓸 트레이너 흉내보다 더 충격적인 건 나름 자신이 이런저런 공급회사를 뒤져가며 개발한 상품이 말도 안 되는 이유로 사라진다는 사실이었다.

온종일 입안이 씁쓸했다. 상품을 발견하고 그것을 상품화해 소비자 앞에 내놓았는데, 물건이 잘 팔리지 않는 것도 아니고 부당한 요구에 의해 사라지게 된 셈이었다. 이전에 취급해오던 것들처럼, 기성 제품을 가져다가 판로만 뚫어놓은 상품이 아니었다. 상품에 이름을 붙이고 브랜드화하는 작업은 상품에 최종적으로 생명력을 불어넣는 일과 같았다. 비로소 이름을 달고 태어난 내 자식 같은 아이를 얼마 키워보지도 못하고 떠나보내는 꼴이었다.

'이건 말도 안 되는 거야! 내가 법을 제대로 알고, 이런 상황에 대비해두었다면 이렇게 당하고만 있지는 않을 텐데……'

홍 대리는 못내 아쉬웠다. 시간이 지날수록 남 대리의 잔영이 더 오래 기억됐지만 홍 대리는 그날 자신의 제품을 빼앗기지 않기 위해 법적인 방법을 찾아보겠다고 용을 썼다. 홍 대리는 무빙워크 사건 때 받은 한솔유통 최우빈 팀장의 명함을 만지작거렸다.

'이분이라면 이런 사건을 어떻게 처리해야 할지 방법을 알고 계시지 않을까?'

신뢰할 수 있는 변호사를 선임하는 방법

:　　　변호사의 도움이 필요한 일이 생겨도 어떤 법률사무소를 찾아가야 할지, 어떤 변호사를 만나야 할지 막막한 경우가 많다. 지인에게 믿을 만한 변호사를 소개받아도 전문 분야가 아닐 수 있다. 거리에서 법률사무소 광고나 간판을 수없이 보지만, 아무 데나 선뜻 찾아가기도 미심쩍다. 일단 인터넷으로 검색을 시작해보자. 구체적으로 검색하다 보면 차츰 감이 잡힐 것이다. 그리고 직접 몇 군데를 찾아가 상담해보자. 사건마다 궁합이 맞는 변호사는 따로 있고, 난이도와 소가 등을 고려해 변호사를 선정해야 한다. 다음은 변호사를 찾을 때 유의해야 할 점들이다.

1. 해당 분야를 최소 3년 이상 경험해본 변호사를 찾는다

최소한 3년 이상 분야를 경험해봐야 사건의 전후 맥락을 파악할 수 있다. 가끔 한두 건의 성공사례로 과다 선전하는 변호사가 있는데, 들여다보면 자신이 독자적으로 수행한 건이 아닌 그가 속한 법무법인의 다른 팀에서 한 것을 선전하는 경우가 있다.

2. 변호사의 전문 분야 검색은 매우 구체적으로 해야 한다

전문 분야도 매우 구체적으로 따져봐야 한다. 예를 들어 임차인 명도 사건을 의뢰하려고 할 때 인터넷 검색창에 막연히 '부동산 전문 변호사'라고 치면 안 된다. '부동산'이란 범위는 너무나도 넓다. 경매, 부동산 개발, 주택법상 매도청구, 재개발 현금청산, 재건축 현금청산 등이 모두 다 다르다. 그리고 경매도 유치권, 예고등기, 법정지상권 등 분야가 다양하다. 그러므로 가급적 구체적으로 검색해봐야 한다.

3. 외톨이 변호사에게 맡기면 불안하다

사무실에 변호사 한 명, 여직원 한 명이 전부인 곳이 있다. 이런 곳은 좀 위험하다. 일단 경영상태가 좋지 않기 때문에 이처럼 인원이 적다고 유추할 수 있다. 경영 상태는 변호사의 능력을 표상한다. 변호사가 혼자 있으면 사건을 다각도로 검토하기도 힘들다. 변호사들도 다른 변호사와 사건을 이야기하다 보면 미처 깨닫지 못한 점을 새롭게 느끼고 보강하게 된다. 이는 매우 중요하다. 법률 분쟁이란 개인의 욕구를 사회에서 인정받는 절차인데, 다른 여러 종류의 사람들의 시각에서 보더라도 타당하게 여겨져야 한다. 그러려면 토론 절차는 필수다.

4. 대형 로펌이라고 다 좋은 것은 아니다

당신이 상장 회사를 보유하고 있는 사람이라면 대형 로펌에 가도 좋다. 그러나 비교적 작은 소가의 개인 사건이라면, 막연히 친분 있는 대형 로펌 변호사에게 맡겼다간 신참 변호사들의 '교육용 사건'으로 전락할지도 모른다. 당신이 최초 사건을 의뢰한 파트너 변호사는 당신의 작은 사건이 어떻게 진행되어 가고 있는지 전혀 관심이 없다.

02
법은 때론
기회의 기준이 되어준다

"재영 애비가 저렇게 와서 사정하는데 갈 때 같이 들어가라."

"그럴 생각이에요. 재영이도 어린이집에 가야 하고요."

"재영이는 어린이집에 잘 다니고?"

"네, 근데 요새도 가끔 어린이집 가기 싫다고 떼를 써서 마음이 그래요."

사실 승연은 아이의 일에도 신경 쓰이는 부분이 있었다. 조금씩 모아둔 비상금을 남편이 주식 투자로 날린 바람에 맞벌이를 그만두는 것도 사치지만, 최근 들어 아이가 어린이집에 가기 싫다고 하는 날이 많아졌다. 막무가내로 떼를 쓰며 엄마를 따라가겠다고 할 때면 마음속으로 함께 울었다. 때로는 아이 몸에 멍이 든 것을 발견한 날도 있었다. 아이들과 뛰어놀다 보면 그럴 수도 있으려니 생각했다. 승연은 남편에게도 아이 일을 살짝 비친 적이 있었다. 그런데 남편은 어디에 정신이 팔렸는지 승연이 하는 말을 대충 흘려들었다. 대기업에 다니고는 있지만 승진을 할 때마다 퇴근 시간이 늦어지는 그였기에 고충을 모르는 것도 아니었다. 승진을 한다고 해서 마냥 즐거워만 할 수도 없는 노릇이었다. 늦은 나이에 결혼을 해 아이는 아직 어리고, 앞으로 돈 들어갈 일이 더 많으면 많았지 줄어들지는 않을 것이다. 명예퇴직에 대한 불안감도 항상 느끼고 있어, 또래 주변 사람들은 벌써 여기저기로 눈을 돌리고 있었다.

남편도 예외는 아니었다. 결혼 직후에는 승연이 돈 관리를 했지만 돈을 불릴 줄 모르는 승연을 대신해 남편이 경제권을 쥐었다. 남편이 알아서 잘 관리하는 것 같아 승연은 크게 신경 쓰지 않았다. 그런데 얼마 전 은행에 갔다가 통장 잔고가 바닥인 것을 확인했다. 비상금을 헐어서 쓰려고 했더니 그것조차 하나도 남지 않은 걸 발견하게 되었다.

이후 싸움이 잦아졌다. 어머니가 아버지의 경매 사건 때 늘 입에 달고 살았던 말처럼 승연도 남편이 자신과 한마디 상의 없이 그런 일을 저질렀다는 데 용서가 힘들었다. 자신을 속였다는 사실에 화가 났고, 그런데도 남편이 주식을 포기하지 못하는 데 더 열이 치밀었다.

"있던 돈 다 털어 넣었으면 됐지. 왜 또다시 주식을 해요?"

"만회를 해야 할 것 아니야."

"그래서 이번 달에는 생활비도 안 주고, 그 돈까지 다 주식 투자를 했다는 말이에요?"

"조금만 기다려 봐. 이번에는 꼭 저번에 잃었던 돈까지 만회할 거야. 걱정하지 말고."

"걱정 안 하게 생겼어요? 안 그래도 요새 재영이 분리불안증세가 심해지길래 회사 좀 쉬려고 했더니. 당신 때문에 회사도 그만 둘 수 없게 생겼잖아요."

"재영이가 왜?"

"자꾸 어린이집 가기 싫다고 보채는 날이 많아졌어요. 애가 아침마다 떨어지기 싫다고 울면 내 마음이 어떤 줄 알아요? 애한테 죄짓는 것 같다고요."

애 앞에서 자꾸 싸우는 모습만 보이고, 몇 달만 기다려달라고 말하던 남편은 소식도 없이 계속 생활비를 밀렸다. 급기야는 얼마전 술을 잔뜩 먹고 들어와서는 울며불며 주정을 부리는 통에 뭔가 잘못됐음을 알게 된 것이다.

지리한 싸움은 계속됐고, 승연의 남편은 이번에도 역시 다시는 주식에 손을 대지 않겠다며 맹세했다. 믿어줄 도리밖에 없었다. 더이상 회사에 휴가를 냈다가는 자신도 해고가 될지 모를 일이었다.

속사정이야 어쨌든 표면적으로 봤을 때 홍 대리는 누나의 일에서 마음이 한결 가벼워졌다. 네이밍 건은 여전히 속을 쓰리게 했지만 길이 없다면 빨리 포기하고 새로운 상품을 뚫는 게 나을 터였다. 무엇이든, 어떻게든 끝은 나기 마련이다.

얼마 전 한 텔레비전 프로그램을 보는데, 홀로 대형 병원을 상대로 의료 소송을 진행해 승소 판결을 받아낸 사례가 나왔다. 대단한 의지였지만 한편으로는 그 긴 시간 동안 사례자의 일상은 산산이 부서졌을 것이다. 홍 대리는 그 프로그램을 통해 자신의 업무와 소송을 하는 것이 유사하다는 생각을 했다. 상품 하나를 개발하려면 치밀한 사전 조사와 미래의 상품성까지 예측해야 한다. 재판 역시 재판에 드는 시간과 비용을 미리 계산하고 준비해야만 한다. 모든 것을 다 따져서 상품으로서 가치가 충분하다면 출시를 하고, 그게 아니라면 시간이 더 지나기 전에 진행을 접는 편이 낫다. 재판 또한 시간과 노력 대비 승소해봤자 손해가 예상된다면 다른 방법을 찾는 편이 나은 것이다.

새 메일함에서 최우빈 팀장의 이름이 반짝거렸다. 간밤에 결국 홍 대리는 용기를 내 최우빈 팀장에게 메일을 보냈다. 어떻게든 상품을 빼앗길 수 없다는 그의 마음이 염치를 이긴 것이다. 홍 대리는 전후 사정과 함께 S 패치를 계속 판매할 수 있는 법적 대응 방법에 대해 물었다.

'안타깝지만 홍 대리님 회사에만 독점 공급하겠다는 내용의 공급 계약도 아니고, 상표도 제조업체가 이전에 한 번 등록한 적이 있는 상표를 그대로 사용한 경우네요. 나아가 제조업체가 계약 파기로 인해 홍 대리님 회사에 발생하는 손해를 배상하겠다고 나왔다면 추가적인 조치를 취한다고 해도 실효성이 없을 것 같습니다. 좋은 해결책을 드리지 못해 죄송합니다. 법이란 건 어떻게 보면 우리가 생각하는 상식과 다를 수 있습니다. 서로의 입장에서 보면 상대적으로 억울한 부분이 있기도 하고요. 하지만 게임에서 이 전략으로 승부할 수 없겠다는 판단이 들면 빨리 포기하고 다른 전략을 구사하는 게 좋지 않을까 합니다.'

최우빈 팀장은 홍 대리가 누구인지를 기억하고 있었고, 성의 있는 답변을 보내주었다. 큰 기대를 애써 지우던 홍 대리는 놀랍기도 했고 고맙기도 했다.

홍 대리는 최우빈 팀장의 충고대로 S 패치는 잊기로 했다. 대신 신제품 개발 쪽으로 전략을 선회했다. 최근 관심을 두고 있던 상품은 밥솥이었다. 쌀을 주식으로 하는 나라의 해외 판로를 뚫어볼 계획이었다. 눈여겨본 전자제품 회사는 우리나라에서 내로라하는 기업은 아니었다. 오히려 기존 주력 상품이 대기업에 밀려 경영난을 겪던 중소기업이었다. 하지만 그 회사는 최근 몇 년간 소형 가

전제품이라는 틈새시장을 공략해, 청소기를 시작으로 소형 가전 제품 전문 브랜드로서 입지를 구축하는 중이었다.

그 회사에서 이번에 개발한 신제품 밥솥은 우리나라 쌀뿐만이 아니라 물기가 적고 찰기가 없는 외국 쌀의 맛까지 살리는 특별한 기능을 갖추고 있었다. 개발은 됐지만 국내에서는 여전히 유명 브랜드 제품의 우세에 밀려 발을 붙이기 어려웠다. 홍 대리는 이 제품을 오히려 국내보다는 해외를 겨냥해 출시해도 괜찮을 것 같다는 생각을 했다. 제품 분석부터 시작해 국내에서 반응이 미미한 것과 해외 시장의 판로, 판매 가능성에 대해 하나씩 리서치를 할 계획이었다. 판로만 잘 뚫리면 가능성이 있을 것 같았다.

퇴근 후 홍 대리는 어머니에게 지금 사용하고 있는 밥솥의 장점을 물었다.

"물도 알아서 맞춰주지, 스위치만 누르면 밥도 알아서 지어주는데 그럼 좋지, 안 좋냐?"

"아, 엄마 그렇게만 설명하지 마시고……."

집 전화벨이 요란하게 울리는 통에 홍 대리의 말은 여지없이 끊겼다. 어머니에게 괜찮은 답변을 바란 자신을 후회했다.

"네? 경찰서요?"

거실에서 신문을 보던 아버지도, 밥을 먹던 홍 대리도 너무 놀랐다.

홍 대리의 가족 모두가 출동한 곳은 이번에 사들인 건물이 있는 소재지의 파출소였다.

"알아들으실 만한 분들이 말로 하시지, 왜 치고받고 싸우세요. 곧 집주인이 온다고 했으니까 오시면 두 분 다 말씀 잘하시고, 화해하시는 겁니다."

부모님을 모시고 파출소에 도착한 홍 대리의 눈앞에 3, 4층 세입자가 보였다. 위층에는 4인 가족이 살고 있었고, 아래층에는 젊은 신혼부부가 살고 있었다.

"아니, 아주머니! 나이가 있다고 그러시는 거예요? 왜 저한테 함부로 하세요."

"젊은 사람이 말이야. 하루가 멀다고 그렇게 찾아와서는 사람을 괴롭히고 말이야. 그쪽이 너무 예민한 거 아니야?"

"아이고, 밤낮없이 쿵쾅거리고, 야밤에 세탁기 돌리고, 별별 소리가 다 들리는데 그럼 어떻게 해요? 아주머니네서 너무 조심성이 없는 거 아니냐고요. 나이 대접받고 싶으면 나잇값을 해야지. 자기보다 어리다고 막 밀치고 말이야. 이렇게 폭력을 행사해도 되는 거냐고요?"

"뭐, 폭력? 당신네가 민 건 폭력이 아니야? 내가 지금 얼마나 허리가 아픈데. 폭행죄로 들어가고 싶어?"

"이보세요. 먼저 저희 남편 멱살을 잡으셨잖아요. 그러다가 혼자 넘어지고는 누구보고 폭력이래요. 거기다 뭐 폭행죄요? 그럼 저희는 무고한데 협박당했으니 고소해야겠네요."

"뭐야?"

경찰로부터 자초지종을 들으니 층간소음 문제로 평소에도 가끔씩 다투던 모양이었다. 최근 들어 그 빈도가 잦아졌고, 서로 스트레스를 받던 두 집이 급기야 오늘 멱살잡이에 이르렀다.

"아, 글쎄, 우리는 정말 잘못 없어요. 이 젊은 양반들이 날마다 와서 조용히 해달라고 하니까 과민성 장염까지 걸렸다니까."

"저희는 어떻고요. 어리다고 저희를 얼마나 함부로 대했는데요. 게다가 저희 신랑을 밀쳤잖아요."

"이분들 이러다가 또 싸우겠네. 이러지들 마시고, 이웃끼리 조금씩 조심하고 양보하세요."

경찰의 중재로 그날의 사건도 잘 봉합되는 듯했다. 집으로 돌아가 며칠을 서로 조용하게 보내는가 싶더니, 이번엔 4층 윗집에서 3층 아랫집에 심상치 않은 초인종 소리를 들려주었다.

"딩동딩동딩동!"

"아이고, 부서지겠네! 누구세요?"

"이 집에서 알람 안 끄고 계속 틀어놨지? 겨우 늦게 잠들었는데 이 집 때문에 세 시간도 못 잤다고!"

"무슨 소리야. 누가 알람을 틀어놨다고 그래요? 저희 알람 울린 적도 없다고요."

또 경찰이 오고야 말았다.

"살다 살다 별것 아닌 일로 사람 치겠네? 한번 쳐 봐, 쳐."

"그렇게 나오면 우리라고 가만히 있을 줄 알아요? 저희도 더 이상 못 살겠어요. 고소할 거라고요. 고소!"

"그래, 어디 한번 해 봐. 나라고 가만히 있을 줄 알아? 어디서 협박이야. 협박이! 기본적인 생활 수칙도 모르는 것들이."

"뭐요? 것들요?"

"아니 이분들, 정말 다시 경찰서로 가고 싶어서 이래요?"

경찰은 고개를 절레절레 흔들며 흥분한 두 세입자를 붙잡고 최악의 사례까지 들려주었다. 층간소음 문제로 아랫집이 위층 이웃을 흉기로 살해한 사건이었다. 법원에서는 피고인에게 징역 10년을 선고했다.

"층간소음 문제를 도와주는 센터가 있으니 그쪽에 연락을 넣겠습니다."

경찰이 돌아가고 결국 '층간소음 이웃사이센터'가 나와 소음을 측정하고 조정을 시도했다. 그러다가 불씨는 건물 자체의 방음 문제로 옮겨졌다. 3, 4층이 이번에는 합심하여 방음 문제를 해결해 놓지 않으면 손해배상을 청구할 거라는 등 별소리를 늘어놓았다. 이제 홍 대리의 집이 두 집의 공공의 적이 되었다. 결국 홍 대리의 부모님은 울며 겨자 먹기로 빚까지 내 거액을 들여 방음 공사를 다시 했다.

"막둥아, 어떻게 이전 건물주한테 보상받을 방법은 없는 거냐? 원래 건물을 지을 때 방음 장치가 제대로 돼 있지 않은 모양인데 너무 억울하다. 들어간 돈이 얼마니……."

어머니는 내심 자신의 주장 때문에 이 건물을 선택한 게 아니냐며 속을 끓였다. 어머니의 한탄을 듣고 있으니 문득 법무법인 사하라의 김훈석 변호사가 생각났지만, 왠지 선뜻 손을 내밀기가 머쓱했다.

'여전히 법은 우리 같은 사람들에게서 거리가 멀구나.'

홍 대리도 어머니처럼 한탄 섞인 말을 내뱉었다.

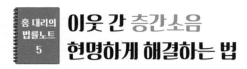

이웃 간 층간소음
현명하게 해결하는 법

:   층간소음으로 살인 사건까지 일어나는 등 이웃 간의 불화가
생기는 일이 부쩍 늘었다. 밤늦게 혹은 이른 새벽에 생기는 층간소음
때문에 스트레스가 이만저만이 아니라는 하소연도 많다. 그렇다고
당장 이사를 하기도 어렵다. 어떻게 하면 층간소음을 현명하게 해결
할 수 있을까? 우선 들리는 소음이 층간소음에 해당하는지부터 살펴
본 후 다음 사항에 따라 적절하게 대처해보자. 소음·진동관리법 제
21조의2 제3항, 주택법 제44조의2 제5항, 공동주택 층간소음의 범
위와 기준에 관한 규칙 제3조에 따라 공동주택에서 발생하는 층간소
음은 다음의 기준 이하가 되어야 한다.

층간소음의 구분		층간소음의 기준[dB(A)]	
		주간(06:00~22:00)	야간(22:00~06:00)
직접충격 소음	1분간 등가소음도(Leq)	43	38
	최고소음도(Lmax)	57	52
공기전달 소음	5분간 등가소음도(Leq)	45	40

1. 층간소음 이웃사이센터를 이용한다

서울, 수도권 공동주택 거주자라면 환경부에서 운영하는 '층간소음 이웃사이센터'를 이용할 수 있다. 층간소음 이웃사이센터는 층간소음 피해를 접수하고, 피해 유형을 분석해, 해결 방안에 대한 상담 서비스를 제공하고 있다. 또한, 필요 시에는 전문가의 현장 측정을 바탕으로 층간소음 발생 원인을 정밀 진단하고 위층, 아래층, 관리사무소 등 이해관계자들에 대한 개별면담 및 상호면담을 실시하여 분쟁 당사자들이 함께 해결 방안을 모색하도록 유도하고 있다. 접수는 국가소음정보시스템 홈페이지(www.noiseinfo.or.kr) 또는 콜센터(1661-2642)를 통한다.

2. 환경분쟁조정위원회를 이용한다

환경부를 비롯한 각 시·도에 설치된 환경분쟁조정위원회에 분쟁 조정을 신청할 수 있다. 환경부 홈페이지(www.me.go.kr)나 각 시 또는 도의 홈페이지에서 접수한다.

3. 재판 절차를 이용한다

아파트 분양자가 주택건설기준 등에 관한 규정에서 제시한 여러 기준을 준수하지 않고 주택을 건설·분양하여 층간소음 피해가 발생한 경우, 입주자들은 소송을 통해 아파트 분양자에게 손해배상을 청구할 수 있다.

03
합의를 했는데,
우리는 왜 동상이몽?

모른다고 해서 가만히 있을 수만도 없었다. 어머니는 하루에도 몇 번씩 깊은 한숨을 내쉬었고, 가만히 앉아서 이를 듣는 것도 괴로웠다.

'그래, 나 홀로 소송하는 사람도 있는데 법 그까짓 것 나도 좀 공부해봐야지.'

홍 대리는 주말에 쫓기듯 도서관으로 향했다. 회사에서도 대리를 달고 일 좀 해보려니까 이것저것 법률적인 사항에 관해 알아야 할 것들이 눈에 밟혔다. 상품 개발과 발주부터 마케팅처럼 소비자에게 팔리는 과정까지 단계별로 꼼꼼히 확인하지 않으면 회사에 끼치는 손해는 당장 홍 대리의 책임이 되어 돌아왔다. 리스크를 줄이기 위해서는 법을 꼭 알아야 했다. 게다가 주변에서 벌어지는 일련의 일들로 난생처음 법 공부를 해야겠다고 다짐했다.

"법학은 공법과 사법, 공법에는 헌법, 형법, 행정법, 민사소송법이, 사법에는 민법, 상법……. 뭐야, 뭐가 이렇게 많아?"

거의 처음 보는 법률책은 너무나 어려웠다. 한자도 많아서 이해하기가 힘들었다. 쉬운 책을 찾던 중 어린이 도서 한 권을 발견했다. 어린이들이 학교생활을 하며 겪는 일들에 관한 법률을 쉽게 풀어놓은 책이었다. 왕따를 당하는 친구가 폭행을 당했을 때 그에 따른 처벌이라든가 학생회장 선거에 관련된 것, 인터넷을 할 때도 무심코 놓치기 쉬운 일상생활 전반에 관한 법률 입문서였다. 홍 대리를 지켜보던 두 아이가 키득거리며 웃었다. 홍 대리는 그런 아이들을 보며 검지를 조용히 입에 댔다. 아이들은 작게 웃었을지 몰라도 도서관에서는 소리가 상대적으로 크게 느껴졌다.

'이럴 때 적용되는 법률은 경범죄인가? 거친 말이나 행동으로 주위를 시끄럽게 하거나 술에 취해……. 아, 공공장소에서 특정한 사람에게 욕설한 경우에는 모욕죄가 될 수도 있네.'

괜히 심각하게 법률 적용을 고민해보는데 뒤에서 소곤거리는 소리가 들렸다.

"이번에 그 찌라시 루머에 강경 대응한다는데?"

"그래?"

"아무래도 여자 연예인이라 치명타이긴 할 거야."

"당하기만 하던 때와는 확실히 달라진 것 같아. 근거 없는 루머나 왜곡된 기사에 대해 강경 대응도 많아지고. 악성 댓글은 좀 사라졌으면 좋겠다."

연예인뿐만이 아닐 것이다. 정보통신의 발달로 사생활 노출이 쉽게 되고, 개인정보 유출에 도용까지 생각해본다면 일반인도 쉽게 범죄에 이용될 수 있다.

"그렇구나!"

자신도 모르게 소리가 튀어나와 얼른 입을 틀어막았다. 이렇게 가까이서 일어나는 많은 일이 법과 연결되어 있었는데, 그 사실을 새삼 알게 된 것 같아 오히려 놀라웠다. 법에 더 흥미가 생겼다.

홍 대리는 읽던 책을 끝까지 다 읽었다. 어린이를 위한 책이라서 쉽게 읽을 수 있었지만 왠지 모르게 '리걸 마인드(Legal Mind)'도 생긴 것 같았다. 책을 덮어 표지에 적힌 저자 이름을 다시 한번 살펴보았다. 놀랍게도 '김훈석'이라는 세 글자가 적혀 있었다. 반가워서 다른 책을 찾아보았다.

'『변호사 사용법』이라?'

제목부터 흥미로웠다. 재미있는 설명과 함께 홍 대리처럼 법에 문외한인 사람들이 궁금해할 만한 질문이 다수 수록되어 있었다.

'법률이란 것은 명확하게 규정되어 있어서 사건에 대입하면 딱 결

론이 나오는 것 아닌가요? 그런데 왜 판사마다 결론이 달라지나요? 거참 알 수 없네요.'

홍 대리도 하고 싶은 질문이었다. 가끔 법이 코에 걸면 코걸이 귀에 걸면 귀걸이처럼 느껴지기도 했고, 똑같은 법이 사람에 따라 누구에게는 유리하게 누구에게는 불리하게 작용하는 것도 이상했다. 이런 질문에 김훈석 변호사는 법이란 게 자동판매기가 아니라서 사람들의 처지와 감정, 성격, 시대 상황 등에 따라 계속 변화하기 때문이라고 책에 설명했다. 게다가 법률은 매우 성기게 만들어진 그물과 같아서 어떤 상황이 발생했을 때 그게 어느 쪽에 해당하는지 대입하기가 애매하다는 것이었다.

'설마가 현실이 될 확률은 대략 10퍼센트, 이는 높은 비율이다. 분쟁의 극한인 소송에서는 설마가 사람의 발목을 잡는다.'

홍 대리는 메모를 해두었다. '설마'가 현실이 될 확률. 우려와 걱정은 반드시 메모해 다음 날 확인하기로 마음먹었다. 법무법인 사하라 김훈석 변호사의 책은 그처럼 쉽고 재미있어서 술술 읽혔다.

'합의를 했는데도 동상이몽이 발생한다고? 각자의 계약 해석은 계약서의 문구와 각자의 속마음의 합! 이러다가 서로 사기꾼이라

고 욕하게 되는구나.'

수학 공식처럼 한눈에 들어오면서 쉽게 이해가 됐다. 일반인들이 궁금해하는 내용과 깨알 같은 상식이 많이 나와 읽으면서 자주 메모를 했다. 대출한 책이라 밑줄을 그을 수 없는 게 아쉬웠다. 아무래도 책을 한 권을 사서 집에 두고 읽는 게 좋을 것 같았다.

인터넷으로도 쉽게 법을 공부하는 방법에 대해 찾아보았다. 유튜브 동영상 강의 목록을 훑어보니 그곳에서도 '김훈석'이라는 이름이 가장 먼저 눈에 띄었다. 강의를 할 때도 김훈석 변호사는 정장이 아닌 편안한 차림새였다. 그래서인지 그가 설명하는 법이 더 친근하게 다가오는 것 같았다. 드라마에서 나온 사례를 중심으로 법률에는 맞지 않는 '옥에 티'를 찾기도 했고, 구체적인 상황과 그에 대한 대처법을 알려주기도 했다. 정말 '설마' 하고 넘겼던 일이 드라마에서는 뒷목은 물론 발목까지 잡게 했다. 드라마가 드라마가 아니라더니 현실에서도 얼마든지 일어날 수 있는 사건이었다. 손에 닿지 않을 만큼 먼 거리에 있던 법이란 게 조금은 친근하게 느껴졌다. 홍 대리는 시간 가는 줄 몰랐다.

'아! 부동산! 부동산!'

하마터면 진짜 목적은 잊고 집에 돌아갈 뻔했다. 부동산 관련 책을 훑어보니 투자 목적으로는 부동산이 난이도가 높고, 허위 정보 또한 많다는 것을 알게 되었다. 특히 최근 은퇴를 하고 노후를 위해 부동산에 투자하려는 어른들을 상대로 복비를 많이 챙기고, 매매를 빨리 이루어지게 하고자 정신을 쏙 빼놓는 수법으로 매도인을 속이는 사건이 많다고 했다.

'그러게, 아버지처럼 꼼꼼하신 양반이 그렇게 발품을 팔았는데도 그런 건물에 걸리다니. 다른 사람은 오죽할까.'

홍 대리는 법 뒤에 가려져 이런 일들이 버젓이 벌어지고 있는 현실에 씁쓸해했다. 돈이면 남을 속이고, 짓밟는 일을 쉽게 하는 사람들로 넘쳐나는 세상 같았다. 아버지도 말씀은 없었지만 끙끙 앓고 계시는 듯했다. 나이 든 분들이 이렇게 투자를 했다가 세입자들이 대거 이탈하고, 결국 세를 내려주다가 급매로 싸게 팔아버리는 순서를 밟는다니.

'우리 같은 경우에는 어떻게 해야 하나……. 법률 제7502호, 개정된 집합 건물의 소유 및 관리에 관한 법률과 제7520호로 개정된 주택법에 의하면, 하자 보수에 갈음하는 손해배상 청구를 할 수 있다!'

홍 대리는 환호를 지르고 싶었다.

'일단 상대에게 내용증명을 보내는 방법이 있네. 지난 상표 사건 때도 회사에 내용증명이 왔다고 했는데. 어떻게 하는 거지?'

열심히 책과 인터넷을 뒤졌다.

"어이, 홍 대리!"

"깜짝이야!"

홍 대리는 너무 놀라서 책과 휴대폰을 떨어뜨렸다. 뒤를 돌아보니 남 대리였다. 이런 곳에서 남 대리를 마주치다니. 세상은 정말 좁아도 너무 좁았다.

"여기서 뭐 해?"

"도서관에 공부하러 왔죠."

남 대리는 홍 대리가 떨어뜨린 책을 주워 들었다.

"부동산 투자하게?"

홍 대리는 마찬가지로 검지를 조용히 입술에 댔다가 밖으로 나가자는 신호를 보냈다.

"부모님이 건물 하나를 샀는데 그게 말썽이 좀 생겨서요. 부모님 한숨 소리를 듣고 있자니 답답해서 이렇게 나왔습니다."

"그래서 해답은 찾았어?"

"네, 일단 건축물 하자 보수에 관련된 손해배상을 청구할 수 있다고 하는데 그 전에 내용증명을 보내면 되더라고요."

"그럼 하면 되겠네."

"내용증명은 어떻게 하는 건데요?"

"내용증명이란 말이야. 우체국에서 누구에게 어떤 내용으로 문서를 보냈다는 사실을 공적으로 증명해주는 거야. 일종의 증거는……."

남 대리는 주저리주저리 자신의 지식 자랑을 또 늘어놓기 시작했다. 홍 대리가 물어볼 내용은 어떻게 작성해야 하는지 방법에 대한 것이었는데, 남 대리의 말은 이미 쏘아놓은 화살 같아서 중지할 수가 없었다. 늘 과녁이 아니라 엉뚱한 곳으로 날아가는 게 문제지. 홍 대리는 남 대리의 말이 끝날 때까지 기다리지 못하고 휴대폰을 열어 인터넷 검색을 했다. 내용증명의 형식은 대부분 비슷하고 내용만 달랐다.

"이 정도는 나도 할 수 있겠네."

"그치 홍 대리! 내가 워낙 설명을 쉽게 하니까. 잘 알아들었지?"

홍 대리는 남 대리의 말에 또 할 말을 잃었다. 남 대리의 두서없는 말은 꼭 끝에서 하나로 귀결되었다. 아전인수식으로 자신에게 유리한 대로, 혹은 자화자찬을 하며 화려한 결론을 내는 식이었다.

"그런데 대리님은 도서관에 왜 오신 거예요?"

홍 대리는 문득 생각나서 물었다.

"나? 예전에 공부하던 추억이 그리워서라고 해두지."

남 대리의 마지막 말에 홍 대리는 뭐라 대꾸할 말이 없었다.

집으로 돌아온 홍 대리는 양식을 내려받아 심혈을 기울여 내용증명을 완성했다.

"이제 이걸 전 집주인에게 보낼 거예요. 내용증명에 대한 답을 하지 않으면 나중에 법적으로 불리할 수 있으니 반드시 답변이 올 거예요. 걱정하지 마시고, 일단 기다려봐요."

"우리 막둥이밖에 없네. 언제 이렇게 유식해졌어. 막둥이가 뒤늦게 사법시험이라도 보려나."

아버지는 별말씀이 없었다. 그런데 며칠이 지나도록 내용증명에 대한 답변은 오지 않았다. 오히려 세입자들의 항의 전화만 빗발쳤다.

"윗집 때문인지 어디에서 물이 새나 봐요."

"멀쩡한 집인 줄 알았는데 습기 때문에 곰팡이가 심해요. 우리 아이 아토피 때문에 안 되겠어요. 저희 이사할 거예요."

"더 이상 시끄러워서 살 수가 없어요. 저번에 멱살까지 잡혔는데 똥이 무서워서 피하나요?"

그야말로 짠 것처럼 하루 이틀 사이에 집을 나가겠다는 전화들이 걸려왔다. 꼭대기 층 세입자와 거의 잠만 자고 나가는 세입자 둘만 빼고, 여덟 집 중 다섯 집이 나가겠다고 하니 미칠 노릇이었다. 계약 기간이 많이 남아 있었고 부동산에 방을 내놓았지만 보러 오는 사람은 가뭄에 콩 나듯 했다. 겉만 멀쩡하지 계속 문제가 터졌다. 시공 자체에 하자가 있는 게 아닐까 하는 의심이 들었다.

내용증명을 보낸 지 딱 일주일 만에 전 집주인으로부터 연락이 왔다. 애초에 건물에는 하자가 없고, 건물을 산 사람이 다 둘러보고 샀으면서 이제 와서 무슨 소리냐는 답변이었다.

"일단 세입자들을 달래서 전체적으로 건물을 보수해준다고 하면 어떨까?"

고민 끝에 그렇게라도 해서 건물을 건지고, 세를 유지하는 게 가장 나은 해답 같았다.

"막둥아, 너 어디 아는 변호사 없냐? 왜 텔레비전 보니까 회사에 변호사도 있고 그러던데."

"대기업이나 돼야 회사에 변호사가 소속돼 있어요. 보통 규모가 작은 회사들은 외주로 변호사 사무실을 두고 있어요."

"외주?"

"회사와 연결된 외부의 변호사 사무실에서 일이 생길 때마다 봐주는 거예요. 우리 회사는 규모가 작으니까 변호사를 직접 고용하기는 힘들어요."

"그럼 우리 일을 알아봐줄 변호사는 없는 거냐?"

"한번 알아볼게요. 이렇게 하자가 있는 건물은 보수 비용에 대해 전 주인에게 손해배상을 청구할 수 있더라고요. 전문가의 도움을 받는 게 더 확실할 것 같아요."

홍 대리가 아는 변호사 사무실이라고는 사하라밖에 없었다. 휴대폰을 들었다 놨다 하다가 문자를 남겨놓았다. 전화로 대뜸 이야기할 수는 없을 것 같았다.

'변호사님, 상담하고 싶은 일이 있는데 언제쯤 전화 드릴까요?'

'10분 후에 제가 전화 드릴게요.'

생각보다 일찍 답장이 왔다. 김훈석 변호사의 전화를 기다리는 10분이 한 시간처럼 길게 느껴졌다. 정확히 10분 후 김훈석 변호사의 전화가 왔다. 홍 대리의 자초지종을 들은 김훈석 변호사는 걱정스러운 목소리로 말했다.

"아이고, 저런! 큰일이네. 부모님께서 애가 많이 타셨겠어요. 건물을 팔기 전부터 하자가 있었음을 밝혀내는 일이 중요할 텐데. 저희 쪽에서 하나씩 풀어나가도록 돕겠습니다. 말씀대로라면 분명 승산이 있는 경우입니다."

캄캄했던 눈앞이 환해지는 것 같았다. 든든한 지원군을 하나 얻은 느낌이었다.

"이제 잠 좀 잘 수 있겠다!"

어머니의 한마디에 오랜만에 한숨 대신 웃음이 번졌다.

내용증명서
작성 방법

:   내용증명 우편은 언제, 누구에게 어떤 내용의 문서를 발송했다는 사실을 우체국이 보증하는 특수우편이다. 서면 내용의 정확한 전달은 물론 보낸 사실에 대한 증거로써 활용된다. 내용증명 자체만으로는 법적인 강제성이 없지만, 이것이 법정에서 강력한 수단으로 쓰일 수 있는 이유는 우편법시행규칙 제46조에 따라 어떤 이에게 전달하는 사실을 보내는 사람이 작성한 등본에 따라 공적인 입장에서 증명해 추후 중요한 법적 근거를 제시할 수 있다는 점이다.

내용증명제도를 통해서 발신자는 수신자에게 더욱 강력한 의사전달을 할 수 있고, 이는 지급해야 할 금전을 미지급하였거나 계약상의 위반 등 개인을 넘어 업체 간 발생하는 문제 상황에서도 매우 중요한 역할을 하게 된다.

내용증명제도가 기재된 내용의 진실까지는 추정해주지 않는다. 하지만 그 내용의 사실을 우체국이 증명하는 제도이므로 내용의 발송 사실, 발송 일자 및 전달 사실까지는 증명할 수 있다. 만약 채권자가 변제기에 채권을 청구하면서 내용증명의 방법을 취하는 경우에는 채권자의 채권청구 사실이 우체국에 의해서 증명된다. 이는 채권이 소멸시효의 만료로 소멸되는지 여부를 결정하는 데 중요한 역할을 한다. 배달증명은 내용증명증서를 수취인이 받았음을 증명해주는 것이다.

내용증명서는 우체국에 방문해 직접 발송하거나 우체국 홈페이지(www.epost.go.kr)에서 직접 신청이 가능하다. 총 세 통을 준비해 수신인에게 한 통을 발송하고 발신인과 우체국이 각 한 통씩 보관한다. 우체국 보관 기간은 3년이며, 이 기간 내 특수우편물수령증, 주민등록증 등을 제시해 본인임을 입증하면 보관 중인 등본을 열람할 수 있다. 필요시에는 복사본도 요청할 수 있다.

민법의 규정에 따라 내용증명은 일반적으로 도달된 때로부터 효력이 발생한다. 도달했는지 여부는 우체국 홈페이지에서 발송번호를 조회하면 수령인까지 확인할 수 있다. 단, 통신판매, 방문판매, 할부거래에서 청약철회를 요청하는 경우에는 발송한 날부터 효력이 발생한다. 다음은 내용증명서 작성 시 유의할 점이다.

1. 구체적인 상황이 드러나는 제목을 작성한다

내용증명을 작성할 때, 단순히 '내용증명'이라고 제목을 설정하기보다는 '계약해지 통지서', '전세금 반환 요구서'와 같이 구체적인 상황에 따른 '통지서', '요구서'를 붙여 제목을 작성하도록 한다.

2. 발신인과 수신인 표시를 한다

상단에 해당 내용증명의 발신인과 수신인의 이름, 주소를 정확하게 표시한다.

3. 내용은 육하원칙에 따라 작성한다

증명 내용은 육하원칙에 따라서 간결하게 작성하도록 한다. 구체적인 진술서의 개념이 아니기에 핵심만 넣어 간결하게 작성한다.

4. 숫자, 한글, 한자, 영어는 혼돈되지 않도록 표기한다

금액을 표시할 경우에는 자릿수를 확인하고 한글을 병행 표기(10,000,000원/금 일천만 원)해 잘못 표시함이 없도록 한다. 한자의 경우는 같은 음이지만 뜻이 다른 경우에 헷갈림이 없어야 하며 영어 역시 스펠링의 실수가 없도록 반드시 확인해야 한다.

5. 거짓이나 과장은 금물이다

혹여 상대방에게 강하게 압박을 가하거나 효과를 보기 위한 의도로 내용을 과장하거나 거짓된 내용을 포함한 경우, 전달된 내용증명은 기본적으로 수신인이 먼저 검토하므로, 거짓이나 과장된 내용으로 인해 추후 본인에게 불리하게 작용할 수 있음을 인지해야 한다.

04
법을 안다는 것은
보험을 하나 든다는 것

"주말에 내가 별이 다섯 개라고 해서 찾아간 맛집에 갔다가 정말 할 말을 잃었다."

"왜요? 너무 맛있어서요?"

"아니, 그 반대. 이거 완전 허위사실 유포라니까. 도대체 누가 그런 말도 안 되는 평을 달아놓은 거야."

"요새 왜 아르바이트생 시켜서 그런다고 하잖아요. 믿을 거 못 된다니까요."

회사 사람들이 자주 가는 근처 식당에서 남 대리의 목소리가 울려 퍼지고 있었다. 식당은 텔레비전에 한 번 나간 것도 아닌데 늘 사람들로 붐볐다. 주인의 손맛과 조미료를 쓰지 않는 게 인기의 비결이었다. 주말 장사는 하지도 않았다.

"가만히 있을 내가 아니지. 댓글을 달았단 말이야. 있는 그대로. 그랬는데, 세상에. 바로 하루 만에 내 글이 삭제된 거야. 그래서 어떻게 된 건지 알아봤더니 명예훼손으로 신고가 들어와서 삭제했다는 거야. 어떻게 그게 명예훼손이냐?"

"그러게 말이에요. 있는 그대로, 사실대로 말했는데 어째서 그게 명예훼손이 돼요?"

"내가 묻고 싶은 말이라니까. 아무튼 사람들이 댓글로 달아놓은 말은 다 믿으면 안 된다니까. 나의 뼈저린 경험이 말해주지 말입니다."

남 대리의 연예인 흉내는 거의 개그 수준이었다. 남 대리의 말을 들으며 홍 대리는 자신이 몰랐던 법에 대한 새로운 사실을 또 한번 알게 되었다. 생각보다 우리가 생활하고 있는 시공간에는 법과 얽혀 있는 일들이 무궁무진했다. 별생각 없이 올리는 글 하나, 무심코 내뱉는 말 한마디, 무심코 퍼 나른 인터넷상의 사진 한 장, 공짜 음원 한 곡까지. 지금껏 생각지도 못한 많은 말과 행동이 실은 법과 깊은 연관이 있었다.

남 대리는 여전히 침을 튀겨가며 열변을 토하고 있었다. 그것보다 더 괴로운 건 열성적인 남 대리 때문에 같이 점심을 먹는 사람들이 남 대리의 침이 튄 음식을 먹어야 한다는 점이었다.

'저런 건 경범죄 같은 거에 해당 안 되나.'

홍 대리는 마음속으로 웃었다.

업무로 가장 바쁜 날은 금요일이다. 다음 날이 휴무인 관계로 업무가 밀리는 경향이 있다. 짧은 아침 시간은 메일 확인과 전화 몇 통이면 지나가버리고, 점심을 먹고 들어와 커피 한 잔에 미팅이라도 잡혀 있는 날이면 어느새 퇴근 시간이다.

"신입! 지난번에 내가 준 자료 검토했어요?"

"네, 대리님 메일로 보내드렸는데요."

"알았어요. 다음부터 일을 처리했으면 됐다고 말을 해줘요. 그래야 다른 업무를 볼 수 있으니까요."

"네. 죄송합니다."

"죄송까지는 아니고, 나도 그런 실수 많이 했어요. 신입 때."

이번에 들어온 신입사원은 일도 빨리 배우고, 일 처리도 야무진 편이었다.

홍 대리는 너무 상사티를 냈다 싶은 생각이 들었지만, 정확하게 알려주는 게 그에게도 도움이 될 것 같았다.

"오후에 업체 나갔다가 바로 퇴근할게."

서 과장이 나갔다. 다른 날 같으면 상사가 일찍 퇴근하는 게 무척이나 반갑지만 금요일은 예외일 때가 많다.

"이번에 올라온 시안들 좀 정리해줘."

서 과장은 나가면서 신입사원의 책상 위에 두꺼운 종이를 올려놓았다. 서 과장이 나가자마자 전화가 울렸다. 홍 대리가 전화를 받았다.

"네, 네, 제가 가서 확인해보겠습니다."

전화를 받으면서 홍 대리는 윗옷에 벌써 한쪽 팔을 넣고 있었다. 금요일 저녁에는 갑자기 매출이 급증하여 상품 공급에 차질이 생길 때도 많았다.

"오후에 온 메일 좀 체크해줘."

홍 대리가 나가기 무섭게 사무실에도 전화벨이 울렸다.

"물건을 이런 걸 보내오면 어떡해?"

신입사원이 입을 채 떼기도 전에 수화기 안으로는 다짜고짜 큰 소리부터 들어왔다.

"죄송하지만 어디십니까?"

"어디긴 어디야? 너 누구야?"

"상품개발팀……."

"상품개발팀? 잘못 걸었네."

뚝, 상대방은 한마디 사과 없이 전화를 끊어버렸다. 갑작스러운 전화에 신입사원은 불쾌한 마음이 올라왔다. 모처럼 사무실에 홀로 남은 만큼 마음도 가라앉힐 겸 잠시 밖으로 나가 진한 커피 한 잔을 사 들고 올라왔다. 사방은 벌써 어두워지고 있었다. 그 무렵, 휴대폰이 깜박였다.

'내가 부탁한 서류 오늘까지 검토해서 책상에 놔줘. 월요일에 나와서 바로 볼 수 있도록!'

서 과장의 전갈이었다. 절반도 보지 않은 서류가 첫 표지 상태로 돌아와 있었다.

"아휴, 어디까지 봤더라."

서류에는 확인해야 할 사항에 대한 메모가 붙어 있었다. 꼼꼼한 서 과장의 성격이 그대로 드러나는 부분이었다. 생각보다 시간이 오래 걸릴 것 같았다. 신입사원은 차근차근 처음부터 다시 시작했다. 홍 대리가 급히 나가면서 확인을 부탁한 메일에 관한 생각은 나비보다 가벼운 날갯짓으로 의식 저편으로 날아가버렸다.

월요일 아침, 가벼운 나비의 날갯짓은 토네이도로 변해 있었다.

"네. 상품개발팀……."

전화를 받은 김 주임의 얼굴은 완전히 사색이 되었다.

"과장님, 전화 좀 받아보셔야겠는데요."

"왜 그래? 무슨 일이야."

전화를 받은 서 과장의 얼굴이 끓고 있는 주전자처럼 변해갔다. 통화가 끝난 뒤 서 과장은 수화기가 부서져라 전화를 내려놓았다.

"홍 대리!"

"홍 대리 업체 방문 갔습니다."

"맞아, 나한테 금요일 날 보고했었지. 그럼 누구야? 금요일 오후에 누가 메일 체크했냐고?"

"……."

신입사원은 갑자기 이게 무슨 일인가 싶었다. 그러던 중 문득 금요일에 메일을 확인하지 않았다는 사실이 떠올랐다. 신입사원은 아차 하는 생각이 들면서 자리에서 일어나 무슨 말을 하려고 했다.

"금요일에 메일 놓친 거 신입이야? 허 참! 일단 수습부터 하고 보자고."

서 과장은 화를 꾹꾹 누르며 이 말 한마디만 했다. 차갑게 변한 그의 얼굴이 엄청난 사건이 발생했다는 것을 말해주고 있었다.

서 과장이 나가고 나서 상품개발팀은 살얼음판이 되어버렸다. 주 거래처에서 갑자기 대량 주문이 들어와 물건을 빨리 맞춰달라는 긴급 발주 메일을 놓친 것이었다. 한바탕 소란이 지나고 사무실에 들어온 홍 대리는 분위기만으로도 큰일이 벌어졌다는 것을 직감했다. 퇴근 시간이 지났을 무렵 서 과장이 들어왔다. 팀원들에게 눈길 한번 주지 않고 자리에 앉았다. 얼굴의 경직은 풀려 있었지만 표정은 여전히 어두웠다. 앉자마자 수화기를 들었다.

"상품개발팀 서 과장입니다. 조금 늦어지긴 했지만 수량에 맞춰 들어갈 것 같습니다."

전화를 끊고 서 과장은 홍 대리를 불렀다.

"아무리 바빠도 네가 제대로 챙겼어야 할 거 아냐? 도대체 일을 어떻게 가르치고 있는 거야?"

서 과장은 신입사원을 따로 부르지 않았다. 전적으로 홍 대리의 책임이었다. 지난 최우빈 팀장의 강연에서 그가 했던 말이 떠올랐다. 신입사원 때 가장 많이 하는 실수는 혼자서 일을 해결하려다가 일이 더 커진다는 것이었다. 홍 대리도 신입사원일 때는 사수로부터 계약서며 메일이며 꼼꼼히 확인하라는 말을 반복적으로 들었다. 그러지 않았다면 홍 대리도 지금 신입사원과 같은 실수를 했을지도 모른다. 최우빈 팀장 역시 아무리 구두 계약을 할 때라도 따로 메모하거나 녹취를 하는 등 증거를 남겨야 한다고 했다. 계약서를 쓰기 전까지 계약조건은 언제든 바뀔 수 있으니, 세부적인 사항을 놓쳤다가는 회사에 큰 불이익으로 돌아올 수 있다. 발주 메일도 마찬가지다. 수량이나 기한 등 숫자에 관련한 부분은 조금만 착각해도 걷잡을 수 없이 수습하기가 어려워진다. 심지어 수습이 불가능할 경우, 손해배상과 같은 법적인 책임까지 뒤따른다. 모두 좀 더 주의를 주지 못한 홍 대리의 불찰이었다.

"죄송해요. 홍 대리님 말씀처럼 기본적인 사항을 체크하고 또 완료했는지 확인했어야 했는데……."

"회사라는 경기장에 들어온 거예요. 기본적인 규칙은 배우면 돼요. 운동하다가 넘어졌다고 해서 끝은 아니지 않습니까? 게임을 즐기세요. 툴툴 털고 일어나면 됩니다!"

신입사원은 웬 엉뚱한 소리냐는 듯이 알 수 없는 미소를 지었지만, 홍 대리는 고개를 까딱했다.

'내가 무슨 남 대리도 아니고, 아 진짜 미치겠다!'

홍 대리는 자신의 머리를 쥐어뜯고 싶은 심정이었다. 남 대리에 이어 어머니까지 온통 엉뚱한 소리를 잘하는 사람들 옆에 있다 보니 자신도 닮아가는 모양이었다. 하지만 꼭 신입사원에게만 한 말은 아니었다. 자신에게도 다시 초심으로 돌아갈 마음의 준비가 필요했다. 가장 기본적인 것을 알고 익히는 것. 요즘 그것이 홍 대리에게는 법이었다. 꼭 알면 좋을 법. 모르면 손해인 법.

서 과장은 홍 대리를 따로 불렀다. 해외수출 쪽으로 마음을 두고 있는 홍 대리와 달리 서 과장은 국내 농수산품에 관심이 있는 듯했다.

"홍 대리, 신입 데리고 지역 박람회 좀 다녀와. 상품이 될 만한 게 있나 한번 보고, 신입도 가르치고."

"네, 알겠습니다."

홍 대리는 그곳에서 뜻밖에 학교 후배를 만났다. 후배는 중소기업 부스에서 상품을 홍보하고 있었다.

"어, 네가 어떻게 여기에 있냐? 어디더라, 대기업에 들어간 거로 알고 있었는데?"

"아, 맞아요. 들어가서 얼마 있다가 바로 나왔어요. 신입사원에게 기회라는 게 잘 주어지지 않더라고요. 처음에는 시간이 지나면 달라질 거라고 생각했는데, 제가 원하던 모습이 아니었어요. 그래서 좀 더 적극적으로 일할 수 있고 해보고 싶은 것들을 할 만한 곳으로 옮겼습니다. 아주 작은 회사도 아니고, 농민과 직거래를 통해 새로운 상품을 개발하는 모습도 좋았고요."

후배는 면접 답변과 같은 모범적인 대답을 했다.

"그럼 농민들한테도 최대한의 이익이 돌아가는 셈이네."

"네, 이번 상품도 농민들과 함께 우리 회사가 직접 개발한 거예요. 이런 공정을 거치면 영양소 파괴가 거의 없는 발효 상품이 만들어져요."

"소비자들에게 그 점을 어필하면 좋겠다."

"네, 요즘 건강식품도 너무 많고 엑기스만 추출한 상품도 많지만, 이만큼 순도가 높은 건 찾아보기 힘들걸요."

후배의 설명을 들으며 마케팅만 제대로 한다면 서 과장의 안목이 적중할 수도 있겠다는 생각을 했다. 해당 지역의 특성상 농수산물 자원이 풍부하고 그것을 기반으로 한 식품 산업의 비중이 높았다. 예부터 내려온 발효 식품은 웰빙의 중심이기도 했다. 게다가 후배의 말을 듣자니 정부도 내년에 국제발효식품엑스포에서 이 상품을 전폭적으로 지지할 것이라고 했다. 그러면 국내뿐 아니라 외국 참관객도 많을 것이고 수출로 이어질 좋은 기회가 될 것이다. 홍 대리는 후배에게 자료를 넘겨받고, 다시 추후 일정을 잡았다. 지금까지 물색한 기획 상품에 대한 자료를 정리해 검증을 거쳐 어떤 상품을 선택할 것인지 좁혀나가면 될 것 같았다.

'신입사원에게는 기회가 잘 주어지지 않아서요.'

후배가 했던 말을 생각했다. 신입사원은 다른 부스에 서서 열심히 메모하고 있었다. 꼭 요즘 법 공부를 하는 자신의 모습을 보는 듯했다. 홍 대리는 신입사원에게 이번 농산물 발효 상품에 대한 자료 정리와 상품화에 대한 분석을 맡기고 기획서까지 쓰게 하는 것도 나쁘지 않겠다고 생각했다.

상품 개발을 준비하는 과정은 변호를 위해 사건 자료를 준비하는 것처럼 치밀해야 한다. 그래서 하나라도 허투루 할 수 없는, 지루하면서도 긴박한 시간의 연속이다. 홍 대리는 밥솥을 해외업체에 판매하는 것과 농수산물 거래를 검토하는 데 있어 갖가지 법률적인 사항이 적용된다는 것을 깨닫고 종종 한솔유통 최우빈 팀장에게 조언을 구했다. 몇 가지 가능성 있는 상품을 추리고 자신이 알아본 법률적인 사항들에 대해 정리해서 보내자 최우빈 팀장으로부터 답장이 왔다.

'상품 준비를 열심히 하고 계시네요. 이 상품은 산지 바이어하고 연락하시거나 직접 가셔서 물건을 확인한 다음 진행하셔야 합니다. 또한 계약할 때 상품 가격 이외의 물류비나 판매촉진 비용 같은 것도 잘 계산해서 반영하시길 바랍니다. 특히 상품 하자로 인한 문제들도 고려하시고요. 이런 여러 가지 조건들을 잘 검토하지 않고 계약하면 큰일 납니다. 해외 수출입 쪽이라면 관세법과 운송 거래 조건은 간략하게 나와 있지만, 수입국의 규제 등은 추가적으로 좀 더 알아보신 후에 계약 조항으로 반영하는 것이 좋을 것 같습니다.'

최우빈 팀장은 시간이 되는 대로 메일을 보내왔다. 홍 대리가 보기에는 거의 즉각적인 답변이었다. 굉장히 신속하고 핵심적인 내용을 간결하게 전달했다. 그러면서도 홍 대리가 알아야 할 사항을 구체적이고 꼼꼼하게, 무엇보다 알기 쉽게 짚어주었다. 상대에 대한 배려가 깊었다.

'홍 대리님, 우리 회사에서는 과거에 법무팀을 태클이라고 불렀답니다. 회사에서 어떤 사람들은 영업에 방해가 되니까 물어보지 말자고 하거나 법무팀에 물어보면 자꾸 이건 안 된다, 저건 안 된다한다고 짜증도 많이 냈어요. 홍 대리님은 저한테 일일이 확인받는 기분이 어떠세요?'

때론 이런 질문을 받기도 했다. 홍 대리는 이 질문 하나도 최우빈 팀장이 그냥 하는 말은 아닐 거라고 생각했다. 대리가 되고 대박 하나 내고 싶어서 거기에 빠져 살던 자신의 모습이 머릿속을 스쳐 지나갔다. 실적이 하나 쌓일 때마다 인정을 받고, 그게 다음번 직급 승진에 반영되고, 직급은 곧 연봉과 연결되는 일. 그런데 최근 몇 가지 일을 겪으며 홍 대리는 조금 시간이 걸리더라도 절차를 제대로 밟고 가자는 주의가 되었다. 그래야 나중에 큰 사고가 날 확률이 낮을 테니까.

'팀장님께 이렇게 묻는 게 보험 하나 드는 것 같아서 안심됩니다.'

말을 하고 나니 법이란 게 정말 그런 게 아닐까 싶었다. 알아두면 보험을 든 것처럼 사고에 실질적으로 도움이 되고, 믿을 만한 버팀목이 되는 것. 우리 삶에서 법과 보험은 손해를 예방하고, 발생했더라도 최소화할 수 있는 그런 방패막이가 아닐까.

최우빈 팀장은 구체적인 내용이 정해지면 계약서 초안을 작성해 같이 고민해보자고 제안해주었다. 최우빈 팀장의 말을 들으니 왠지 법이라는 녀석이 먼저 홍 대리에게 다가와 손을 뻗어 악수를 청하는 것 같았다.

법과 악수를 하니 기쁜 소식이 전해졌다. 아버지가 산 건물에 매입 전 하자가 있었음이 밝혀진 것이다. 전 주인은 그것을 알고도 새집처럼 리모델링해 서둘러 팔았다. 증거를 보여주자 그들은 시인했고, 법무법인 사하라 덕분에 짧은 시간 안에 하자 건물에 대한 보수 비용을 받아낼 수 있었다.

홍 대리는 법이라는 녀석의 손을 잡고 힘차게 흔들며, 인사라도 건네고픈 하루를 보냈다.

05

아이 하나 키우는 데
온 마을이 필요하다

"우리 재영이 먹을 것도 사고 어린이집 선생님 선물도 사고."

"선생님 좋아! 예뻐!"

"그래, 우리 재영이 선생님이 엄마보다 더 좋아?"

"아냐, 아냐. 엄마가 이~만큼 더 좋아."

"그럼 재영이는 어떤 선생님이 제일 좋아?"

"원장님 무서워."

"응? 왜 무서운데?"

"몰라. 얼굴이 이래."

재영이는 손가락을 양 입가에 넣고 잡아당겼다. 승연은 그 모습이 귀여워 사진을 찍었다. 곧 명절이 다가오기도 하고, 재영이가 어린이집 가는 것을 싫어하는데 아이를 예뻐해주는 담임 선생님이 고마워서라도 뭐 하나 준비하려고 했다.

'원장님 것도 하나 사야 하나.'

승연은 화장품을 사는 게 제일 무난할 것 같아서 화장품 코너 앞에 멈추었다.

"누가 쓰실 건가요?"

"20대인데 아이 선생님께 선물하려고요."

"이 제품과 이 제품이 반응이 제일 좋아요."

"어머, 재영 엄마!"

"안녕하세요. 여기서 뵙네요. 수정이는요?"

"지 아빠랑 식품 코너에 있어요. 화장품 사려고?"

"그게 아니라 어린이집 선생님께 선물하려고요."

"그래? 요새 김영란 법인가 그것 때문에 선물은 받지 않으실 텐데. 우리 남편이 공무원이잖아. 공무원은 특히 더 해요. 그래서 왜, 외부에서 손님 와서 밥 먹을 때도 3만 원이 넘어가는 것도 먹으면 안 된대."

"그래요? 듣기는 들었는데, 그렇게 까다로운 건줄 몰랐어요. 고가의 선물도 아니고, 그냥 성의 표시만 하려는 건데. 이런 것도 안 될까요?"

"한번 자세히 알아보고 사요. 내 생각에는 분명히 선생님께서 안 받으실 거야. 아니 못 받으시지."

"네, 고마워요. 그럼 수정 엄마는 아무것도 안 하시려고요?"

"그냥 우리 수정이랑 쿠키 구워서 드리려고요. 아이랑 집에서 만들어서 보내는 건 괜찮을 것 같아서. 나도 아무것도 안 하는 것도 좀 그렇고."

승연은 화장품 코너에서 망설이다가 결국 화장품도, 다른 선물도 사지 않았다. 다음 날 어린이집에서 공문이 왔다.

'저희 어린이집에서는 선물을 받지 않습니다. 부모님의 감사한 마음만 받도록 하겠습니다. 선물을 되돌려 보내는 일이 없도록 이 점 이해 부탁드립니다.'

오히려 원아 부모 입장에서는 난처한 일이었다. 승연은 이러지도 저러지도 못하고 여러 고민 끝에 재영이와 카드를 만들기로 했다. 아이가 만든 카드와 조금은 긴 내용의 감사 편지를 써서 동봉했다.

재영이를 어린이집에서 데려오는 시간은 저녁 7시 반이었다. 회사가 끝나자마자 달려가도 때로는 늦을 때가 있어 늘 어린이집 선생님에게 면목이 없었다. 그나마 다행인 것은 어린이집이 집에서 가깝다는 것. 그날은 늦지 않게 재영이를 데려와 엘리베이터를 타면서 아이를 안았다.

"아!"

"왜? 엄마가 너무 세게 잡았나? 미안해."

"아냐, 원래 아파."

"친구랑 부딪쳤어?"

"아니야, 문에 쾅 했어."

승연은 집에 들어서자마자 아이의 몸을 확인했다. 어깨 쪽에 멍이 있었다.

'이상하네. 저번에도 다친 자리네.'

남편은 연락도 없었다. 재영이와 둘이서 저녁을 먹고 피곤에 싸여 설거지도 내팽개쳐둔 채 아이와 함께 침대에 누우려던 순간이었다. 요란하게 집 전화벨이 울렸다. 모든 게 귀찮아서 울리도록 내버려두었다. 이번에는 휴대폰이 울렸다. 끈질기게 울리는 벨소리 때문에 전화를 받지 않을 수가 없었다.

"재영 엄마, 나 준수 엄마. 오늘 재영이는 괜찮아?"

"왜요?"

"오늘 배탈 난 애들이 여럿이에요. 그리고 우리 준수는 가끔 다쳐서도 오더라고."

"우리 재영이도 팔이 아프대서 보니까 멍이 들었더라고요."

"맞벌이 엄마들이 많으니까 아마 쉬쉬했던 모양인데, 얼마 전에 애 하나가 등원하다가 크게 다쳤대."

"네?"

"정말 우리 아이를 안심하고 맡길 데가 없네요."

승연은 불안했다. 맞벌이를 하는 처지에 아이를 맡길 곳이 없다면 어떻게 해야 할지 막막했다. 10퍼센트의 설마라는 불안감이 현실이 될 확률은 높았다.

늦게까지 신제품 개발 준비를 하던 홍 대리가 회사에서 나왔을 때는 이미 밤중이었다. 집에 거의 도착했을 때 휴대폰에 부재중 전화가 와 있다는 것을 알았다. 승연이었다.

"미안해, 누나. 전화 온 줄 몰랐어."

"승수야, 나 좀 도와줄 수 있을까?"

한참 동안 말이 없던 승연은 어렵게 말을 꺼냈다. 말끝에는 울음이 묻어났다.

"어디야, 누나?"

"집 근처 놀이터로 와줄래?"

홍 대리는 집에 들어가지 않고 곧장 놀이터로 향했다. 누나는 이미 나와서 재영이를 그네에 태워주고 있었다. 아이와 함께 있는 승연은 환한 얼굴이었다. 홍 대리는 웃고 있는 누나를 보며 다행이라는 생각을 했다.

"누나."

"삼촌!"

재영이가 먼저 와서 안겼다. 재영이는 갑자기 홍 대리에게서 한 발자국 떨어지더니 배꼽 인사를 했다. 어린이집에서 배운 모양이었다. 홍 대리는 재영이를 듬뿍 칭찬해주고, 땀이 나도록 놀아주었다. 재영이는 졸린 모양인지 눈을 비볐다. 홍 대리는 재영이를 안아 들고 승연과 함께 집으로 향했다.

"고마워, 이렇게 바로 와주고……. 사실 어린이집에서 일이 좀 있었어. 이제 애를 봐줄 수가 없다면서 데려가라고 연락이……."

승연은 눈물을 흘렸다. 아이 앞이라 소리 내지는 않았다. 속울음을 우는 승연의 어깨가 들썩거렸다. 아이를 봐줄 사람이 없으면 내일 당장 승연은 출근할 수가 없었다.

"엄마한테는 부탁하지 않으려고 했는데."

"사정이 그렇게 된 걸 어떻게. 당장 누나 출근도 해야 하고. 여의치 않으면 회사를 그만두던가. 매형이 있잖아. 좀 아껴 쓰면 되지."

"그게 네 매형한테 일이 생겨서 내가 당장 회사를 그만두기는 힘들어. 재영이가 어렸을 때 엄마가 애 봐주다가 허리 수술을 해서 엄마한테는 또 부탁하기 싫은데……."

"어쩔 수 없잖아. 그런데 매형한테는 무슨 일이 있는 건데? 그때 이혼 얘기도 그렇고. 심각한 거야?"

154

"그 얘기는 나중에 하자. 사실 얼마 전에 재영이 팔에 멍이 들었더라고. 처음에는 그러려니 했는데 나중에 또 그런 일이 생겼어. 그런데 어린이집에서는 아무 말이 없는 거야. 다른 엄마한테 들은 얘기도 있고 해서 원장님에게 정중하게 이야기를 꺼냈더니, 어린이집에서는 절대 그런 일이 없다고 발뺌을 하더라고. 집에서 그랬을 수도 있겠다 싶어서 그냥 말았는데, 다음에 또 다쳐서 온 거지. 조금 이상한 생각이 들어서 아는 집 엄마한테 전화를 걸었더니 자기 집 애도 계속 그런다는 거야. 그 집 엄마를 통해 다른 얘기를 들었는데 가끔씩 그런 일이 발생하는 모양이더라고. 어떤 엄마는 CCTV를 보여달라고 했다가 거절당했대."

승연은 숨도 쉬지 않고 계속 쏟아냈다.

"그런데 며칠 전에 원장이 나한테 전화를 해서 엄마들을 선동했다고 협박 비슷한 걸 하더라? 또다시 그런 얘기를 하고 다닐 거면 어린이집에 재영이를 보내지 말라고. 게다가 재영이가 부주의하고 산만해서 벌어진 사고를 어린이집에 뒤집어씌운다는 거지. 아이를 끌어들이는데 참을 수가 있어야지. 그래서 구청에 민원을 넣었어. 그런 협박까지 하는 원장이 있는데 제대로 운영이 될 리가 없지 않겠니? 아이 담임 선생님하고도 통화를 했는데 죄송하다는 말만 하고는 원장에 대해서는 말을 안 하데. 그런데 내가 민원을 넣은 건 또 어떻게 알았는지 얼마 전에는 회사로 사람까지 보냈더라."

"뭐! 애들을 상대로……."

"한 번만 더 이렇게 찾아오면 경찰에 신고하겠다고 엄포를 놓긴 했는데, 이렇게 재영이를 못 받겠다고 세게 나올 줄은 몰랐어."

승연의 얘기를 듣고 있자니 홍 대리는 자신도 모르게 화가 나 주먹을 쥐었다. 이럴 때 법에 호소하면 방법을 찾을 수 있을 것 같다는 생각이 들었다. 김훈석 변호사가 떠올랐다.

"법에 호소할 생각은 없어?"

"괜찮을까? 괜히 소송 같은 거 했다가 애가 상처 받을까 봐 난 그게 걱정이지. 같은 반 싱글맘 엄마는 마을 변호사에게 도움을 받아 소송하겠다고, 나한테도 증언 좀 해줄 수 없냐며 연락을 했더라."

"마을 변호사?"

"응. 요즘엔 무료로 상담받을 수 있도록 공공기관하고 연결이 돼 있나 봐."

"누나, 힘들겠지만 그냥 넘어갈 일은 아닌 것 같아. 재영이를 생각해서라도 그렇고. 그리고 어머니께는 내가 잘 말씀드릴게. 아버지도 계시니까 엄마도 조금 덜 힘드실 거야. 나도 아는 변호사님 있으니까 문의를 좀 해볼게."

법정에서 증언하라는 소환장이 왔는데 어떻게 할까?

: 민사소송법, 형사소송법, 형법

법원 또는 검찰에 의해 출석 요구를 받은 증인은 반드시 출석해야 할까? 법원은 특별한 제한 규정이 없는 한 누구든지 증인으로 불러 신문할 수 있고, 증언의 의무는 병역의무, 납세의무와 같이 국민의 의무이다. 따라서 가급적 출석을 하는 것이 좋다.

만약 출석하라는 날짜에 사정이 있다면 바로 그 사유를 밝혀 법원에 신고해야 한다. 출석하지 않고 서류로 증언할 내용을 적어서 제출할 수도 있는데, 이 경우 법정에 출석하기 힘든 이유와 증언 내용을 기재한 서면을 함께 제출한다. 하지만 법원이 서면에 의한 증언으로는 부족하다고 판단하여 명령하면 법원에 출석해야 한다.

정당한 사유 없이 출석하지 않는 경우에는 법원이 구인장을 발부하여 강제로 잡아갈 수도 있고, 법원으로부터 출석하지 않아서 발생한 소송비용 및 500만 원 이하의 과태료를 부과받을 수 있다. 심하게는 7일 이내의 감치에 처할 수도 있다. 그럼에도 처음 몇 회는 증인출석을 거부하는 경우도 상당하다. 특히 민사재판의 경우 꼭 필요한 증인이 아닌 한 법원이 몇 차례 부르다가 안 나오면 포기한 선례도 있어서다.

그 밖에 출석에 응하여 법정에 선 증인이 법률에 따라 적법하게 선서한 후 자신의 기억에 반하는 증언을 할 경우, 형법상 위증죄로 처벌받을 수 있다. 이때 위증은 해당 사건의 재판 결과에 영향을 미칠 수 있는지 여부와는 관계없이 처벌된다. 최근에는 위증을 엄격히 다스리는 경향이 있다.

재영이가 자는 모습을 보고 홍 대리는 집으로 돌아왔다. 일을 하면서 아이까지 키우는 워킹맘 누나를 생각하니 왠지 씁쓸했다. 집에 도착하자마자 어머니에게 매형 얘기는 빼고 재영이 어린이집 이야기를 전했다. 어머니는 단번에 누나보다 더 분개했다.

"일이 하나 풀렸다 싶으니까 또 하나 일이 생기고. 산 넘어 산이구나."

어머니는 깊은 한숨을 쉬었다. 홍 대리도 마찬가지였다. 겨우 법과 인사를 나눌 정도가 됐다 싶었는데 사정없이 많은 일이 따라붙은 것 같아 한숨이 절로 나왔다.

"홍승수, 규칙을 알고 게임을 즐기자!"

요새 홍 대리가 구호처럼 외치는 말이다.

승연이 마을 변호사와 상담하기로 한 날, 홍 대리도 따라나섰다.

"아니, 벼, 변호사님!"

"홍 대리님이 어쩐 일로……?"

홍 대리가 승연과 함께 인사한 사람은 김훈석 변호사였다. 그는 슬리퍼까지는 신지 않았지만 면바지에 카디건을 걸친 편안한 차림이었다.

"그럼, 변호사님이 저희 동네 마을 변호사님이세요?"

"네, 이렇게 또 뵙네요. 아이가 다친 증거 사진이나 증빙 자료가 될 만한 건 가져오셨죠?"

이번 일에 동참한 원생들의 자료를 건네받은 김훈석 변호사는 다른 피해 어린이와 관련된 증거도 확보해달라고 했다. 김훈석 변호사는 승연과 다른 엄마들의 진술 사항을 구두로 들으며 메모하고 질문을 보태며 사건에 대해 꼼꼼히 정리해나갔다.

홍 대리는 어느새 법이 피부에 닿는 옷처럼 가깝고 필요한 것으로 다가와 있음을 느꼈다. 또한 항상 무슨 일이든 증거를 남기는 일이 중요하다는 사실을 다시 한번 깨달았다. 증거가 남아 있다면 일이 잘 해결될 수 있고, 최소한으로 피해액을 줄일 수 있다.

"엄마들을 설득하는 게 쉽지 않네. 특히 직장에 다니는 엄마들은 자기 애도 어린이집에 못 다니게 될까 봐 더 조심스러워 하고."

대여섯 명은 되는 듯했던 엄마들 중 실제로 움직인 엄마들은 승연을 포함한 단 세 명이었다.

"준수 엄마는 안 보이네요?"

"준수 엄마, 이번 일에서 빠지기로 했어. 시작은 자기가 해놓고……."

"그게 뭐 준수 엄마 잘못이겠어요? 애 혼자 키우는데 우리보다
더 사정이 급하지 뭐. 원장이 이번 일에서 빠지는 조건으로 준수
를 계속 받아주겠다고 한 모양이에요. 돈은 벌어야지, 준수를 봐
줄 사람은 없지. 어떻게 하겠어요. 다른 엄마들도 원장이 명예훼손
으로 고소한다고 하는 바람에 애들 어린이집에서 퇴원시키고 더
이상 연관되는 거조차 싫다고 그러네."

준수 엄마보다는 준수 엄마의 사정을 이용한 원장의 행태에 모
인 엄마들은 더 분노했다.

"아이들을 위하는 엄마들의 마음이 모였으니 그 뜻이 꼭 전달
되리라 생각됩니다."

김훈석 변호사의 마지막 말이 모두의 가슴에 희망을 품게 했다.

홍 대리는 집안일과 회사 일로 그야말로 눈코 뜰 새 없이 바쁜
하루를 보냈다. 그러면서도 법 공부를 손에서 놓지 않았다. 짬이
날 때마다 휴대폰을 꺼내 김훈석 변호사의 강의를 들었다.

"법은 옷과 같습니다. 법이란 게 살다가 불편이나 갈등이 생겼을
때 만들어진 것이기 때문에 사람의 생활과 삶이 먼저고 법은 나중
이죠. 하지만 삶도 변하잖아요. 성장하고 있는 아이의 옷과 같지요.

어른도 살이 쪘다가 빠졌다가, 허리가 두꺼워져 다들 배가 나왔다가 들어갔다가 막 바뀌잖아요. 그런데 법은 현실보다 늦게 움직이기 때문에 현재의 삶과 안 맞을 때가 있어요. 아무리 딱 맞게 해놔도 현실에선 항상 예상하지 못한 문제가 생기죠. 옷이 몸을 보호하는 역할을 하듯 법도 우리를 보호하는 역할을 해요. 하지만 삶이 변하듯 법도 고정불변의 것은 아니에요. 상황마다 법 적용이 다른 이유이기도 하죠."

　법이라는 건 고정적인 것이 아니다. 따라서 유연함이 필요하다는 게 강의의 핵심이었다. 최우빈 팀장도 비슷한 말을 했었다. 홍 대리는 법에 대해 여태까지 큰 착각을 하고 있었다. '법전'이라고 하면 두꺼운 사전을 떠올리며 딱딱하고 고정적이라는 생각이 강했다. 그런데 법은 오히려 적용 범위에 따라 달라지고 다르게 해석될 수 있었다. 그제야 남 대리가 한 '법은 주관적이고, 상대적이다'라는 말이 이해가 되었다. 법이란 게 자신에게 유리하게 적용되면 상대편에게는 그게 객관적이지 않을 수 있다.

　홍 대리는 요즘 자신이 꼭 소용돌이치는 바다 한가운데 있는 것 같았다. 아침 햇살에 반짝이는 고요한 바다는 어떤 바람을 만나느냐에 따라 크게 달라진다. 바다에 떠다니는 배는 그에 따라 유연하게 움직이거나 대처하지 않으면 가라앉고 만다. 홍 대리는 법이라는 도구를 공부하면서 세상살이에 대한 또 하나의 유연함을 키우는 중이었다.

"삼촌, 우리 어린이집 친구 다쳤어요."

집에 들어선 홍 대리에게 재영이가 엉뚱한 소리를 했다.

"어린이집에서 또 사고가 났대. 아이 하나가 베란다 문 사이에 손가락이 끼어서 크게 다쳤다고 하더라. 그래서 나 말고 이번엔 그 애 엄마가 원장을 상대로 소송하고 1인 시위까지 하고 있어. 구청 앞에서 구청의 관리 소홀과 사고 후 늑장 신고 대응을 비판하면서. 미닫이문에 안전장치도 없었나 봐. 베란다에도 애들이 자주 가서 노는데 난방 장치도 안 돼 있고, 유희실도 허가 없이 확장해서 쓰고 있었다네. 기가 막혀서 말도 안 나온다. 그런 곳에 재영이를 보냈으니……."

"세상에, 해도 해도 너무하네. 천벌을 받아도 시원찮을……."

승연의 말에 어머니가 흥분해서 이야기를 하다가 재영이를 보고 입을 막았다.

"구청에 신고했을 때도 서류상으로 아무런 문제가 없다고, 아동 학대에 해당하는 사항은 112에 신고하라고 하더라니까. 다친 아이가 바로 증인이자 증거인데……."

승연은 목이 메어 말을 잇지 못했다. 홍 대리의 가족은 한동안 침묵했다. 재영이가 가족들의 얼굴을 물끄러미 쳐다보았다.

"그때 만난 엄마 두 명이랑 1인 시위하는 엄마를 돕기로 했어! 변호사님 말대로 우리는 혼자가 아니야."

홍 대리는 누나가 한 마지막 말을 되뇌었다.

'혼자가 아니다!'

마을 변호사 제도
이용 방법

: 　　　마을 변호사는 법률의 사각지대에 있는 국민을 보호하기 위해 개업 변호사가 없는 지역의 주민들도 전화, 팩스, 메일 등을 통해 무료로 법률을 상담받을 수 있도록 하는 제도다. 보다 자세한 사항은 법무부 홈페이지(www.moj.go.kr)나 행정자치부 홈페이지(www.mois.go.kr), 대한변호사협회 홈페이지(www.koreanbar.or.kr)에서 확인할 수 있다.

1. 서비스 지역

- 개업 변호사가 없는 무변촌(無辯村)

2. 운영 방식

- 읍·면·동에 한 명 이상의 마을 변호사를 위촉하여 주민들의 법률적인 고충을 함께 상담한다.

3. 주요 서비스

– 법률 문제 발생 시 신속한 법률 조언 등 일차적 법률 서비스 및 상담을 제공한다.

– 상담 후 소송 등 법률 구조가 필요하다고 판단되는 경우, 대한변호사협회 법률구조재단 또는 법률구조공단과 연계하여 신속한 법률 구조를 지원한다.

– 필요한 경우 마을 변호사가 직접 마을을 방문하여 상담을 진행한다.

4. 서비스 이용 방법

– 읍·면사무소를 통해 거주지 담당 마을 변호사를 확인 후 전화, 메일, 팩스 등을 이용하여 법률 상담을 받을 수 있다.

– 읍·면사무소에 비치된 법률 상담 카드를 작성하여 마을 변호사에게 미리 송부할 경우 보다 효율적인 상담을 받을 수 있다.

5. 서비스 이용 시 유의사항

– 법률 상담 이외에 단순 진정이나 민원성 상담은 하지 않는다.

– 마을 변호사의 법률 상담과 관련된 모든 서비스 비용은 무료다.

3부

법의 머리 위에
올라타라

01

법을 알면
신중해진다

홍 대리는 최근 법 공부를 하면서 기록하는 일이 많아졌다. 해외수출이나 수입 부분은 관세뿐만 아니라 해당 국가의 상품 품질 관련 법규를 검토하는 등 신중하게 접근하지 않으면 안 될 것 같았다. 골똘하게 생각에 빠져 있다 보니 엘리베이터가 내려온 줄도 몰랐다.

"내 여자친구가 구매 대행을 하고 있거든? 신문에서 봤는데, 이런 구매 대행업자들도 제품마다 일일이 인증받아서 판매해야 한다더라. 해도 해도 너무하지."

"그거 전기용품이랑 생활용품 관련한 새로운 안전관리법 때문에 생긴 거 아니에요? 제품 안전이 확인되어야 소비자들도 안심하고 구매할 수 있으니까. 전 필요한 것 같은데요?"

"그러니까 그걸 왜 옷같이 위험성이 적은 물건에다가도 갖다 붙이느냐고! 그저 대신해서 물건 사다주고, 수수료를 받는 것뿐인데. 이건 단지 서비스업일 뿐이지."

남 대리의 커다란 목소리와 거친 숨소리가 들렸다. 또 출근길부터 그 신입사원을 붙들고 열변을 토하는 중이었다.

남 대리의 말을 듣다 보니 홍 대리는 자신이 놓쳤던 부분이 떠올랐다.

'관세만 문제가 아니네. 밥솥은 전기용품이니까……'

"홍 대리, 내 말이 맞지 않아? 뭘 그렇게 혼자 중얼거려?"

"신제품 개발 때문에요."

갑자기 말문을 닫은 남 대리는 엘리베이터의 문이 열리자 얘기를 다시 시작했다.

"나도 차근차근 신제품 준비를 하기로 했다. 여자친구가 구매대행을 하니까 해외 판로를 한번 뚫어볼까 하고."

"그러니까, 그거 말입니다. 남 대리님, 새로운 안전관리법인가 하는 그거 어떻게 된 겁니까?"

"그게 원래 전기용품과 생활용품에 대해 안전규제를 하는 법이 따로 있었는데, 이걸 국민들 입장에서 편하게 하자고 통합을 한 거야. 그러다 보니 소상공인들이 장사하는 데에 부담이 커지게 된 거고. 나중에 소비자에게까지 피해가 가는 게 아니냐는 목소리가······."

남 대리는 홍 대리와 신입사원이 엘리베이터에서 내린 줄도 모르고 여전히 자기 세계에서 빠져나올 줄 모르고 있었다.

홍 대리는 신제품 목록에서 밥솥에 대한 항목에 별표를 그렸다. 법률이 시행되고 안정된 후 다시 준비하거나, 법률이 변경된 것에 대해 좀 더 꼼꼼하게 알아보고 추진하는 게 낫겠다고 생각했다. 일할 때도 법을 알 때와 모를 때는 사뭇 달랐다.

한솔유통 최우빈 팀장의 말대로 자신이 이제야 비로소 게임의 룰을 알고 경기에 임하는 선수 같았다. 이전까진 게임의 룰도 모르고 그저 골대를 향해, 공을 향해 전진하는 선수에 불과했는데, 이제는 경기가 돌아가는 흐름도 보고, 다른 선수들을 보며 전략도 세울 줄 아는 '판을 보는' 선수가 된 것이다.

'도대체 나는 여태껏 얼마나 바보 같았던 거야.'

열심히 한다고 했던 과거의 일들이 떠올랐다. 그때는 정말 최선을 다했지만, 갖가지 경기 규칙을 놓고 여러 가지 사안과 변수를 고려하지 못했다. 무작정 열심히 뛰기만 했던 자신의 뒷모습을 보며 홍 대리는 뒤늦게 깨닫는 중이었다.

"그래, 홍승수! 이제부터 진짜 게임이다!"

신제품 개발을 위해 준비한 자료를 모두 모아 상품 가능성이 있는 몇을 추렸다. 그중 확인이 필요한 것과 장기적인 수익성이 있

는 것을 분석했다. 법률적인 사항을 체크하며 인터넷을 뒤졌고, 그
래도 이해가 어려울 땐 자문이 필요한 것을 정리해 최우빈 팀장에
게 메일로 물었다.

"홍 대리! 창립기념 행사 기획안 준비하고 있지?"

"네!"

서 과장은 새로운 아이템을 찾느라 신경이 곤두서 있었다. 조금
된다 싶던 S 패치를 대신할 주력 상품이 필요했다. 홍 대리의 회사
에는 아직 직원이 많지는 않지만, 나름 유통업체 중에서는 입지를
굳혀가는 중이었다. 건실하게 성장하는 회사로 업계에 소문이 난
데는 좋은 상품을 시중보다 싼 가격에 제공한 것이 한몫했다. 이
것이 유통업체가 존재하는 이유이자 이점이라고 믿으면서, 발로
뛰어 상품을 찾는 과정이 홍 대리 회사의 차별점이었다.

웬만한 기획서를 가져가도 서 과장의 성에는 차지 않았다. 큰
소리가 자주 나서인지 다들 괜찮은 기획이 있어도 선뜻 나서지 않
는 눈치였다. 서 과장은 유독 뜸을 들이는 홍 대리에게 잔뜩 기대
를 거는 눈치였다.

산 넘어 산이라더니. 회사는 회사 일대로, 빌라는 빌라 일대로
정신이 없었다. 이제 막 퇴근해 신발을 벗던 홍 대리에게 어머니
는 대뜸 하소연을 했다.

"막둥아, 이 일을 어떻게 하냐?"

"네?"

"경찰이 또 왔다 갔단다. 공사도 해치워버리고 이제는 좀 괜찮아질까 했더니. 남들은 건물 관리하면서 편하게 잘만 놀러 다니더만. 우리는 잠잠하다 싶으면 또 일이 터지니 원…….."

"무슨 일인데요?"

"옆 건물 개가 날마다 우리 건물 화단에 와서 똥을 싸는데, 1층 세입자가 이제 날씨도 더운데 창문을 못 열어놓겠다며 그 개 주인이랑 한바탕했나 보다. 한두 번도 아니고, 잠복까지 해서 주인을 잡았대. 근데 글쎄 그 주인이 화단인데 뭐 어떠냐고, 거름도 되고 좋지 않으냐고 적반하장으로 나왔다더라. 시끄러우니까 이웃에서 신고를 한 모양이지."

"경찰이 다녀갔으니까 이제 강아지 주인이 조심하겠죠."

"그것도 아닌가 보더라. 일단 내가 가서 치워주기는 했는데, 뭐 이런 경우에는 법에 걸리는 게 없냐? 하다 하다 강아지 똥까지 치우니 나도 이제 그런 사람들을 확 철창에 넣고 싶다. 동물을 사랑하는 건 좋지만 이웃에게 피해는 주지 말아야지."

옆 건물 강아지 배설물 청소까지 하고 온 어머니는 결국 건물 관리와 청소를 업체에 맡기기로 했다.

"돈 좀 아끼려다가 내가 죽겠다. 거기다 재영이도 집에 와 있고……."

홍 대리도 이번엔 어머니에게 잘했다고 말씀드렸다. 어머니가
몇 년 전에 수술한 허리를 두드릴 때마다 늘 마음에 걸렸다.

최우빈 팀장에게서 연락이 왔다.

"홍 대리님! 상품 개발과 관련해 보내주신 메일은 잘 받았습니
다. 메일 보다가 여쭤볼 게 있어서 전화드렸어요. 전에 보내주신
메일에는 수출입 관련 사항이 있었는데, 이번에는 아예 빠지고 국
내 상품만 나와 있네요?"

"관세 문제나 전기용품 및 생활용품 안전관리법 때문에 시끄러
운 것 같아서요. 지금은 시기가 적절하지 않은 것 같길래……."

"맞는 말씀입니다. 그런데 국내 상품도 좋지만 해외 상품을 발
굴해서 다른 회사와 차별성을 두는 것도 장기적으론 회사 수익 면
에서 좋을 것 같아요. 홍 대리님이 생각하신 아이템들 또한 좋았
고요. 요즘은 국내 상품만으로는 소비자의 관심이나 욕구를 충족
시킬 수 없지요. 해외 상품의 경우도 수출입 관련 법 조항과 해당
국가의 법 규정, 우리나라 규제 체계 등을 제대로 알고 계약한다
면 괜찮으리라 봅니다."

홍 대리는 최우빈 팀장의 배려에 감사를 느꼈다.

"법무팀에 몸담고 있는 '태클이'의 입장에서, 홍 대리님처럼 법
관련 리스크를 하나라도 더 줄이기 위해 고군분투하는 것을 보니

저도 초심으로 돌아가는 것 같아 좋습니다."

홍 대리는 내친김에 어머니가 궁금해했던 반려동물에 관한 법규도 물어보았다.

"요즘 거리에서 보면 동물을 데리고 산책하는 분들이 참 많죠. 그런데 목줄을 하지 않고 큰 반려견을 거리에 풀어놓는 경우도 있습니다. 이런 경우 해당 동물이 타인에게 손해를 입혔다면 당연히 주인이나 개를 데리고 나온 사람이 책임을 져야 합니다. 오래 전 사건이기는 한데, 레스토랑에 커다란 사냥개를 데려온 한 고객이 그 개를 입구에 매어놓고는, 자신이 식사를 하는 동안 직원에게 봐달라고 했나봐요. 안으로 데리고 들어가면 다른 손님들에게 불안을 줄 수 있고, 전염병 등 위생적인 문제도 있고요. 그런데 어떤 다섯 살 꼬마가 레스토랑에 왔다가 아빠와 손을 놓는 사이에 개에게 물린 일이 발생했어요. 그런데 어느 쪽에서 배상을 해줬는지 아세요? 레스토랑이에요. 개를 맡아주고 있었고, 해당 개가 손님들을 물지 않도록 관리 조치해야 했는데, 이를 하지 않았기 때문입니다."

"지난 무빙워크 사건 때처럼 아이를 잘 돌보지 않은 아빠에게는 책임이 없는 건가요?"

"홍 대리님 생각이 맞아요. 당연히 손해액 전부를 배상하지는 않았습니다. 5세 아동을 안전하게 관리할 책임은 보호자에게 있으니까요."

"저도 좀 찾아보니까 요즘에는 반려견 관련 사건도 많은 것 같더라고요. 요즘 동물을 워낙 많이 키우다 보니까 공원에서 산책하는 반려견이 많은데, 목줄을 채우지 않았거나 배설물을 제대로 치우지 않아서 발생하는 분쟁이 사회적 문제로 확산되고 있다고 하더라고요."

"네, 그래서 동물 관련 법률 위반 행위에 대한 단속이 강화되는 것도 사실이고요."

전화를 끊은 홍 대리는 휴대폰을 주머니에 집어넣으며 법이 생긴 이유나 법의 규율, 범위의 광범위함에 대해 다시금 생각했다. 거실에서 블록을 가지고 놀던 재영이는 텔레비전에서 동물 소리가 나오자 화면에 얼굴을 바짝 붙였다.

"재영이도 강아지 가지고 시포."

"그래요, 우리 강아지. 할머니가 데리고 올까?"

그렇게 조금 전까지 반려견 문제로 골머리를 앓던 어머니가 이제는 반려견을 집에 들이겠다고 하니 홍 대리는 기가 막혔다. 생명을 키우는 일은 사랑하는 마음과 책임이 필요하다. 그리고 세상은 빨리 변화하고 있고, 그런 세상에서 다른 사람과 더불어 지혜롭게 살기 위해서는 역시나 법에 대해 알아야 했다.

반려동물을 키운다면
이 법만은 꼭!

: 동물보호법, 도시공원 및 녹지 등에 관한 법률, 민법

동물보호법은 반려견에게 목줄 착용을 의무화하고 있다. 이를 1차 위반할 시 20만 원, 2차 위반할 시 30만 원, 3차 위반할 시 50만 원의 과태료가 부과된다. 도시공원 및 녹지 등에 관한 법률에 따르면 공원 등 공공시설에서 반려견의 배설물을 수거하지 않거나 목줄 등 안전 조치를 취하지 않을 경우는 최대 10만 원의 과태료를 부과한다.

맹견에 관해서는 14세 이상만 이를 데리고 외출할 수 있으며, 이때 목줄과 입마개를 반드시 착용해야 한다. 또한 맹견의 소유자는 해마다 3시간씩 안전한 사육 및 관리에 관한 교육을 이수하여야 하며, 이를 지키지 않으면 최대 300만 원의 과태료가 부과된다. 만약 맹견을 포함한 반려견이 타인에게 신체적인 해를 가했을 경우 소유자의 동의 없이 격리 조치를 취할 수 있고, 안전 관리 의무 위반이 발각되면 최고 3년의 징역형에 처할 수 있다. 자신에게는 사랑스러운 반려동물이 타인에게는 위협적인 존재로 느껴질 수 있음을 이해하면서, 몇 가지 도움이 될 만한 판례를 짚어보자.

1. 목줄을 하지 않고 있던 반려동물이 교통사고를 당해 죽은 경우

춘천지방법원은 반려견이 도로에서 차에 치여 죽었어도, 소유자에게 목줄을 채우지 않은 등 과실이 인정되면 사고를 낸 운전자에게 책임이 없음을 판결한 경우가 있다(춘천지방법원 2016가소5501 판결).

2. 목줄을 하지 않은 반려동물이 지나가던 행인을 공격하여 상해를 입힌 경우

서울북부지방법원은 반려동물에게 목줄을 채우지 않고 대문을 열어놓은 과실로, 지나가던 행인의 종아리를 물어 전치 3주의 상해를 가한 반려동물의 소유자에게 과실치상죄의 성립을 인정하고 벌금 200만 원을 선고한 경우가 있다(서울북부지방법원 2018. 5. 18. 선고. 2017고정2295 판결). 또한 의정부지방법원은 입마개가 채워져 있지 않은 반려견에게 흉부 및 안면부를 물려 상해를 입은 사건에서 소유자의 과실을 인정하여 약 5300만 원의 손해배상을 선고한 경우가 있다(의정부지방법원 2018. 6. 27. 선고. 2016가단8842 판결).

3. 목줄을 하고 있지 않던 반려동물의 위협에 행인이 피하다가 넘어져서 다친 경우

서울중앙지방법원은 목줄이 풀린 반려견의 위협을 피하다가 행인이 넘어진 사건에서 소유주에게 과실치상죄를 인정하고 벌금 200만 원을 선고한 경우가 있다(서울중앙지방법원 2018노1514 판결).

승연은 최근 들어 부쩍 귀가 시간이 늦었다.

"재영 엄마는 요새 왜 이렇게 늦게 들어온다니. 그리고 애 아비는 왜 코빼기도 안 보이냐."

"누나야 어린이집 일도 있고, 매형은……."

제대로 들은 내용은 없지만 누나가 그렇게 말을 아끼는 것을 보면 보통 일은 아닐 거라고 생각했다. 알고 있는 것도 없지만 어머니에게 괜한 걱정을 안겨드릴 수는 없었다. 어머니의 말이 떨어지기가 무섭게 승연이 들어왔다.

"얼굴이 왜 그 모양이냐?"

"저 방금 경찰서 갔다 왔잖아요."

"뭐?"

"별일 아니에요. 벌금만 내고 왔어요. 걱정 마세요."

"무슨 일이야, 누나?"

"그 1인 시위하는 엄마 옆에서 다른 엄마 두 명이랑 조용히 피켓만 들고 서 있었는데 경찰이 와서 집시법 위반이라며 우릴 잡아가지 뭐야."

"누가 신고한 거 아냐?"

"구청 직원이거나 원장과 관련된 누군가겠지. 1인 시위는 상관없지만 두 명 이상이 모이면 그것도 집회라고 신고를 해야 한다네. 우리가 큰 소리로 떠든 것도 아니고 조용히 피켓만 들고 서 있었는데, 어이가 없어서……. 그런데 더 기가 막힌 건 뭔 줄 알아? 그 원장이 우리를 명예훼손에 업무방해죄, 또 뭐냐, 무고죄로 고소를 했단다."

"아무래도 누나랑 다른 엄마들이 먼저 고소하기 전에 선수 친 거 같은데?"

"그런 모양이야."

"김훈석 변호사님께 말씀드려야 할 것 같아."

"아까 경찰서에서 전화 드렸더니 다른 변호사님이랑 한걸음에 달려오시더라. 처음에는 엄마들끼리 어찌나 무섭던지. 경찰서란 데를 다들 처음 가보니까. 죄지은 것도 없는데 괜히 주눅이 들고 그랬어."

"그러게, 누구 말처럼 평생 경찰서 문턱 한 번 안 밟을 줄 알았는데……."

"이런 일을 겪을 줄 누가 상상이나 해봤겠니?"

"매형은?"

"전화했는데 그 인간 연락이 안 되네……."

법률에 관해 공부하면서 알게 된 사실은 사람들이 여전히 법에 대해 잘 모른다는 것이다. 심지어 자신에게 법적인 어떤 문제가 발생할 수 있다는 사실을 인지하지도, 인정하지도 않는다. 그러다 발등에 불이 떨어져야 지인을 통해서든 인터넷을 찾아서든 물어

본다. 하지만 속 시원한 대답을 구하기는 어렵다. 그렇다고 무작정 변호사를 찾아가자니 수임료도 걱정되고, 왠지 부담스러워 선뜻 만나기도 힘들다. 홍 대리도 그런 사람 중 한 명이었다. 그런데 김훈석 변호사를 만나면서 변호사에 대한 자신의 선입견을 다시 생각하게 되었다. 평소에는 관심도 없었지만, 한편으론 변호사란 사람에 대해 괜한 환상도 갖고 있었던 것 같다.

> "변호사는 환경미화원이에요. 환경미화원이 없다면 어떻게 될까요? 거리에 쓰레기가 넘쳐나겠죠? 모든 일의 최악의 상황에서 각종 사건을 뒷정리하고 일을 처리하는 게 변호사입니다. 예전에는 변호사를 만나기도 어려웠고, 돈도 많이 지불해야 했죠. 하지만 요즘은 변호사가 많아요. 물론 직접 궁지에 몰린 사람들의 처지와 사정을 들어야 하니 쉬운 직업은 아니죠."

홍 대리는 궁지에 몰린 누나에게 흔쾌히 먼저 손을 내밀어준 김훈석 변호사가 참 고마웠다. 따뜻하고 든든한 손 하나를 붙들고 있으니, 어떤 일이라도 헤쳐나갈 수 있다는 자신감이 차올랐다.

집회 및 시위에 관한 법률 살펴보기

:   시위란 여러 사람이 공동의 목적을 가지고 도로, 광장, 공원 등 일반인이 자유로이 통행할 수 있는 장소를 행진하거나, 위력 또는 기세를 보여 불특정한 여러 사람의 의견에 영향을 주거나 제압을 가하는 행위를 말한다.

집회 및 시위에 관한 법률(이하 집시법)은 국민의 정치적 기본권이라고 할 수 있는 '집회의 자유'에 대해 공공의 안녕질서를 유지하기 위하여 일정한 제한을 가하는 법률이다. 현행법에 의하면 실내집회의 경우 사전 신고에 의무가 없으나, 옥외집회(천장이 없거나 사방이 폐쇄되지 아니한 장소에서 여는 집회)의 경우에는 집회 시작 48~720시간 전에 관할 경찰서장에게 신고서를 제출할 의무가 있다.

집회 또는 시위의 주최자는 집회 또는 시위에서 질서를 유지해야 하며, 타인에게 심각한 피해를 주는 소음(확성기 사용 등)이 일정 기준을 초과할 경우 제한된다. 또한 관할 경찰서장은 집회 또는 시위에 대하여 교통 소통을 위한 조건을 붙여 제한할 수 있다.

현행법에 따라 옥외집회나 시위가 금지되는 장소도 있다. 1인 시위는 이처럼 '외교 기관의 100미터 이내에서는 집회를 할 수 없고, 집회는 2인 이상을 말한다'는 집시법의 규제에서 벗어나기 위해 시도된 시위 문화다. 따라서 나 홀로 피켓이나 현수막, 어깨띠 등을 두르고 시위 하는 1인 시위는 집시법의 적용을 받지 않아, 때와 장소를 가리지 않고 자유롭게 할 수 있다.

집회 및 시위에 관한 법률
일부개정 2016. 1. 27. [법률 제13834호, 시행 2017. 1. 28.]

제11조(옥외집회와 시위의 금지 장소)

누구든지 다음 각 호의 어느 하나에 해당하는 청사 또는 저택의 경계 지점으로부터 100미터 이내의 장소에서는 옥외집회 또는 시위를 하여서는 아니 된다.

1. 국회의사당, 각급 법원, 헌법재판소
2. 대통령 관저, 국회의장 공관, 대법원장 공관, 헌법재판소장 공관
3. 국무총리 공관. 다만, 행진의 경우에는 해당하지 아니한다.
4. 국내 주재 외국의 외교기관이나 외교사절의 숙소. 다만, 다음 각 목의 어느 하나에 해당하는 경우로서 외교기관 또는 외교사절 숙소의 기능이나 안녕을 침해할 우려가 없다고 인정되는 때에는 해당하지 아니한다.

가. 해당 외교기관 또는 외교사절의 숙소를 대상으로 하지 아니하는 경우
나. 대규모 집회 또는 시위로 확산될 우려가 없는 경우
다. 외교기관의 업무가 없는 휴일에 개최하는 경우

법의 머리 위에 올라타라

※다만 앞의 금지 규정 중 일부는 헌법재판소의 헌법불합치 결정을 통해 헌법에 위반되는 것으로 확인되어 한시적으로 그 효력을 인정하고 있다.

헌법불합치　2013헌바322, 2018. 5. 31. 집회 및 시위에 관한 법률(2007. 5. 11. 법률 제8424호로 전부 개정된 것) 제11조 제1호 중 '국회의사당'에 관한 부분은 헌법에 합치되지 아니한다. 위 법률 조항은 2019. 12. 31.을 시한으로 개정될 때까지 계속 적용한다.

헌법불합치　2015헌가28, 2018. 6. 28. 집회 및 시위에 관한 법률(2007. 5. 11. 법률 제8424호로 전부 개정된 것) 제11조 제3호는 헌법에 합치되지 아니한다. 위 법률 조항은 2019. 12. 31.을 시한으로 개정될 때까지 계속 적용한다.

헌법불합치　2018헌바137, 2018. 7. 26. 집회 및 시위에 관한 법률(2007. 5. 11. 법률 제8424호로 전부 개정된 것) 제11조 제1호 중 '각급 법원' 부분은 헌법에 합치되지 아니한다. 위 법률 조항은 2019. 12. 31.을 시한으로 개정될 때까지 계속 적용한다.

02
법을 알면
객관성이 생긴다

승연은 우편물 하나를 손에 들고 거실에 앉아 넋을 잃고 있었다. 밖은 점점 어두워지는데 불을 켤 생각은 하지도 않았다. 승연의 남편이 거실에 있는 승연을 보고 잠깐 놀라긴 했지만, 어떤 말도 건네지 못했다.

"당신 이거 뭐야? 나 몰래 또 주식한 거야?"

"미, 미안해……."

"저번에 나한테 뭐라고 했어? 다시는 주식 안 한다고 했잖아. 근데 이게 뭐야? 적금도 모자라서 이제 아파트 담보까지 잡혔어? 나는 그것도 모르고 이제 곧 내 집이 된다고 생각하고 있었는데!"

"……."

부부는 아무 말이 없었다. 승연은 갑자기 속에서 열불이 났다.

배신감도 이런 배신감이 없었다.

"나한테 한마디 상의도 없이 이럴 수 있는 거야?"

"······."

"뭐라고 말 좀 해봐! 당신 식구들 뒤치다꺼리하는 것도 이제 지쳤어. 그런데 이제 당신까지 이래야겠어?"

승연은 아무런 말도 없이 고개를 숙이고 있는 남편을 보자니 더 열불이 뻗쳤다. 그나마 믿고 의지하던 남편마저 이러고 있으니 눈물은커녕 화만 났다. 순간 재영이의 얼굴이 떠올랐다.

'이제 재영이랑 어떻게 살아가야 하나, 어떻게 살아야 하나.'

아이를 생각하자 승연의 눈물샘이 터졌다. 한참을 우는 아내에게 남편은 물컵을 내밀었다. 승연은 컵을 손으로 쳐냈다.

"내가 잘못했어. 잘못한 거 알아. 이제 그만 좀 하면 안 돼?"

남편이 말문을 열기 시작하자 부부 사이에는 무기만 들지 않았지 전쟁이 일어난 것 같았다. 급기야는 옆집에서 경찰에 신고를 넣었고, 경찰이 가벼운 주의를 주고 돌아가서야 승연은 정신이 들었다.

"그만하자."

승연은 남편에게 이 말만 남기고 집에서 나왔다. 급하게 아이의 짐만 챙겼다. 그 길로 친정에 가는 것은 무리였다. 홍 대리에게 전화를 걸어 데리러 와달라고 부탁했다.

"누나?"

"승수야!"

승연은 홍 대리를 보자마자 또다시 울음을 터뜨렸다. 누나의 목소리가 심상치 않아 조바심을 내며 운전을 했던 홍 대리다. 그렇게 밀리는 시간이 아니었는데도 차가 신호에 멈추어 설 때마다 입이 바짝바짝 말랐다. 역시나 승연은 홍 대리를 보는 순간 말도 못할 정도로 펑펑 울어댔다. 한참을 울고 난 승연은 가방에서 휴지를 꺼내 코를 풀었다.

"매형은?"

"그 인간 말도 꺼내지 마라. 나 정말 이번에는 이혼할 거야."

"다짜고짜 이게 무슨 소리야?"

"사실 저번에 이혼 얘기 꺼냈을 때도, 이미 애 아빠가 모아둔 돈을 주식으로 다 날려서 그런 거였어. 처음에는 재미 좀 봤나 보지? 그런데 이후에는 계속 날려 먹고, 그거 만회한다고 또 날려 먹고……. 승수야, 나 이제 어떡하냐."

승연은 말을 하다 말고 또 눈물 바람이었다. 홍 대리는 승연이 이렇게 앞뒤 분간 없이 흥분하고 흐트러진 모습을 본 건 삼십 년 만에 처음이었다.

"그때 얘기 잘돼서 마음잡은 거 아니었어?"

"다시는 주식 안 하겠다고 해놓고 이번에는 아파트를 담보로 대출을 받았더라고. 이제 길에 나앉게 생겼어. 재영이랑 나랑 어떻게 하니."

"확실한 거야?"

"그래, 오랜만에 집에 가보니까 우편물이 쌓여 있잖아. 열어 보니까 벌써 몇 개월 전이더라고. 내가 그 사람을 어떻게 믿고 사니? 그때 일 나기 전에 이미 저질렀더라고. 그럼 그게 나한테 거짓말을 한 거잖아. 약속도 어기고. 내가 살다 살다 부부싸움 해서 경찰이 다 오다니."

"경찰서에 가서 조서 쓰거나 그런 건 아니지?"

"아니, 그냥 주의만 주고 돌아갔어. 정말 이렇게까지 당했는데, 더 이상 믿음도 없고 이대로는 못 살 것 같아."

"누나, 힘들지만 우선 감정을 추스르고 제대로 알아본 다음에 결정하자."

할 수 있는 말이라고는 이런 말뿐이라서 홍 대리는 마음이 아프고 미안했다. 일단은 당면한 상황에서 벗어나 자기 일을 객관적으로 바라보는 게 중요했다. 흔히 일을 그르치는 경우는 사건, 사고가 발생한 상황에만 매몰되어 어떻게 해야 할 줄 모를 때였다. 언젠가 교통사고 때문에 조사를 받은 후배의 말이 생각났다.

"경찰이 처음에 이름이랑 주소, 주민등록번호를 물어보는데 그때부터 괜히 쫄리더라고요. 상황을 설명하려고 해도 생각처럼 말이 쉽게 안 나오고요. 거기다가 경찰은 묻는 말에만 대답하라고 하지, 진땀을 뺐다니깐요."

후배의 말에 의하면 자기는 그나마 나은 경우라고 했다. 어떤 사람은 말 한마디 잘못했다가 그걸 다시 번복하는 과정에서 괜한 의심만 사고, 도무지 혼자선 손쓰기 곤란한 상황까지 가서야 결국 변호사를 선임해 해결한 일도 있다고 했다.

며칠이 지나고 승연은 다시 일상으로 돌아갔다. 당장 부부의 일도 일이지만 재영이의 어린이집 문제는 언론의 주목까지 받으며 점차 사건이 커졌다.

"까면 깔수록 뭐가 더 나오니 양파도 이런 양파가 없네."

홍 대리의 어머니가 어린이집 원장을 두고 하는 말이었다. 언론이 집중 조명하자 사람들의 제보나 증거가 속출했다.

"원장 남편이 운전을 하는데 남편을 보육교사로 올려놓았어요. 그런데 운전만 하지 아이들 수업에는 들어오지 않아요."
"우리 아이는 차에서 내리다가 차 문이 닫히는 바람에 큰일 날 뻔했어요. 그 후로도 다리에 멍이 몇 번 들어서 왔어요."
"한번은 외근하고 일이 일찍 끝나서 평소보다 이른 시간에 어린이집에 갔어요. 원장이 아이를 어찌나 무섭게 다그치던지, 너무 놀라서 우리 아이한테도 저러면 어떻게 하나 싶었어요. 나중에 아이에 홍 대리는 누나를 보며 누나가 자신의 인생에서 가장 어렵고 긴 싸움을 하고 있다고 생각했다. 궂은일은 한꺼번에 온다더니, 지금 누나가 처한 현실이 그랬다. 사람들은 진실 앞에서도 그것을 곱지 않은 시선으로 보거나 왜곡해 보기도 했다.

1인 시위를 하던 아이의 엄마는 인터넷에 올린 글로 힘든 시간을 보냈다. 자신의 아이가 당한 일이 또 다른 아이에게도 피해가 될까 싶어 올린 글이었는데, 사람들은 생각보다 모르는 상황에 대해 쉽게 판단하고, 상처 되는 말들을 거침없이 던졌다. 한편으로는 어떻게 알았는지 당장 글을 내리지 않으면 고소하겠다는 원장의 협박까지 받았다.

하지만 그러한 사실을 녹취할 생각도 하지 못했고, 자신이 당한 일을 증명할 만한 근거도 남아있지 않았다. 승연과 함께 원장을 고소하기로 한 엄마들은 사소한 무엇이라도 증거가 될 만한 것들을 찾기 위해 고군분투했다. 그리고 그것들을 모아 법무법인 사하라에 전달했다.

녹취,
불법 아닌가요?

: 통신비밀보호법

통신비밀보호법 제14조는 '누구든지 공개되지 아니한 타인 간의 대화를 녹음하거나 전자장치 또는 기계적 수단을 이용하여 청취할 수 없다'고 규정하고 있다. 여기서 주목해야 할 단어들은 '공개되지 아니한'과 '타인 간의 대화'이다. 예를 들어 A와 B가 대화하는 것을 이와 관계없는 C가 도청하는 것은 불법이다. 그러나 A와 B가 대화하고 있는 것을 그 구성원 중의 일부인 A가 녹취하는 것은 불법이 아니다. 그리고 공개된 대화를 녹음하는 것 또한 불법에 해당하지 않는다. 따라서 원칙적으로는 대화 당사자가 자신이 구성원으로 참여한 대화 내용을 녹음하거나, 공개된 대화를 제3자가 녹음한 것은 증거로 사용할 수 있다.

이렇듯 대화 당사자가 녹음하는 것은 통신비밀보호법에서 규제하고 있지 않지만, 이것 역시 무한정으로 허용될 수 없고 예외적인 경우에는 위법 행위가 된다고 본 2018년 서울중앙지방법원의 판례도 있다. 동 판결은 '음성권'을 인격권의 한 부분으로 보아, 녹음자의 녹음 행위가 사회윤리나 사회통념에 비추어 용인될 수 없을 정도의 위법성이 있는 경우에 한정하여 녹취자에게 민사상 손해배상의 의무가 인정될 수 있음을 판시한 바 있다. 대

홍 대리의 신제품 개발 준비가 막바지에 이르렀다. 서 과장의 허락이 떨어지기만 하면 계약서를 작성해 한솔유통 최우빈 팀장에게 보여줄 생각이었다. 홍 대리는 몇 번이고 점검한 기획안을 서 과장에게 올렸다. 농수산물 취급은 겨우 1년밖에 되지 않아서 여러모로 조심스러운 데가 있었다. 공산품에 비해 유통기한이 짧을 수밖에 없고, 관리 측면에서도 아무래도 신경이 쓰였다. 계절상품이기는 했지만 계절에 맞는 좋은 상품을 개발해 자연스럽게 넣었다 뺐면 단기적으로는 수익성이 좋다고 판단했다.

"홍 대리, 이걸로 가자!"

"네!"

드디어 서 과장의 허락이 떨어졌다.

"물건은 확실한 거지?"

"네. 보통 장어는 비싸서 부담스럽다는 인식이 있는데, 이번 상품은 가격도 적당하고 양질의 장어로 준비할 수 있을 것 같아요. 파주 쪽 양식 장어 업체에서 물량은 확보됐고요. 거리도 가까워서

운송비가 절감되니 그만큼 소비자에게 저렴한 가격으로 제공할 수 있습니다. 물건은 이미 그쪽 품질 관리하시는 분이 체크해주셨고요."

"오케이! 이대로 진행해보자고, 우리한테도 새로운 도전이네."

이번에는 신입사원의 도움이 컸다. 시선을 돌리니 새로운 게 보였다.

"홍 대리님, 제가 좀 알아보니까 장어가 정력 강화에만 초점이 맞춰져 있는데, 피부 미용에도 좋고, 눈 건강이나 두뇌 발달에도 효과적이래요. 그러니까 '아빠가 좋아하는 장어' 이렇게만 보지 말고, '엄마의 피부 미용과 아이의 두뇌 발달까지 챙긴다'는 가족 건강식품 콘셉트로 가면 어떨까요?"

"오, 좋은 생각인데. 가격도 좋으니까 하나 살 걸 두 개 사게 만들 수도 있겠네요."

"그렇죠. 저렴한 가격에 누구에게나 좋은 식품이라면 저 같은 자취생도 두어 개 사서 선물하고 싶을 것 같아요. 게다가 장어는 평소에 자주 사 먹지 못하는 음식이니까 체면도 서고요."

"이건 어떨까요? 양념장 같은 걸 곁들여서 포장하는 거에요. 따로 양념장을 만들지 않아도 되니 간단하고, 그걸 이용해서 다양한 요리도 할 수 있고."

"맞다! 자료를 찾다가 보니까 다섯 가지 양념을 섞어서 구워 먹으면 보약이 된대요. 이거 동의보감에 나온 말이라는데, 함께 어필하면 홍보 효과가 클 거예요."

"굿! 마케팅 부서와 상의해보면 좋을 것 같아요. 지금 말한 것들 자료를 더 모아주세요. 나는 다른 조건들이 어떻게 달라지는지 살펴보고 보고서를 작성할게요."

기획안이 통과되자 본격적인 상품 준비가 시작됐다. 홍 대리는 중간중간 최우빈 팀장에게 위험요소가 발생할 만한 부분에 대해 조언을 구했다.

"식품위생법 등 관련 법률상 준수해야 할 것들은 체크했지요?"

"네."

"원산지 표시는요? 간혹 원재료를 수입해 가공 같은 걸 한다면, 원산지 표시의 중요한 내용에 대해서 더 신경을 써야 합니다. 다음은 상표인데, 이건 마케팅 부서에서 정할 일이고."

두 사람은 하나하나 짚어가며 살펴보았고, 기획 단계부터 몇 번이나 확인해서인지 문제가 될 만한 상황은 보이지 않았다. 그제야 홍 대리도 안심이 되었다. 최선을 다해 모두가 상품 출시를 위한 막바지 준비에 박차를 가했다. 팀장부터 팀원들까지 이렇게 한마음이 되어 전력을 다했던 적이 있었나 싶을 정도였다. 홍 대리는 새로운 기회가 주어졌다는 마음으로, 예전보다 더 차분하게 한 단계 한 단계 준비해나갔다.

03

법을 알면
합의점이 보인다

누나는 결국 재영이 때문에 휴직을 결정했다. 어머니가 아이를 돌보고 있기는 했지만 아픈 허리가 또 도진 듯 보였다. 소송 관련 문제까지 겹쳐서 도저히 일에 집중하기가 힘들었다. 재영 아빠와는 그 후로도 냉전이었다. 전화할 용기가 나지 않았는지 재영 아빠는 간혹 문자를 통해서 어린이집 일이 어떻게 되어가고 있는지 물었다.

"소송은?"

"날짜 잡혔어요. 저쪽과 합의는 힘들 듯 보여요. 변호사님도 소송 준비하고 계세요."

"미안해……. 이럴 때 나까지……."

승연은 남편에게 뭐라 위로의 말을 건넬 의지도, 기력도 없었다.

힘든 시간의 연속이었다.

"아파트 말이야. 우리 부모님이랑 합치는 건 어때? 지금 부모님 집 보증금 빼고, 동생이 모아둔 돈 합하면 그래도 8000만 원은 마련할 수 있을 것 같아. 그러면 다시 허리띠 졸라매고……."

승연은 남편의 말에 한숨이 났다. 아파트를 건지자고 시부모에 시동생까지 함께 살 일을 그려보자니 자신이 없었다. 생각 좀 해보자는 문자를 남겼다. 동시에 문자 하나가 들어왔다.

'자기 휴직한 거 아니었어?'

회사에서 가깝게 지내던 동료였다. 당장 전화를 걸었다.

"응. 가족 돌봄 휴직 냈지. 우리 집 사정 알잖아."

"그치? 근데 인사이동에 관해서 무슨 말을 듣기는 했는데……. 자기한테 연락이 안 갔으면 해당 사항이 아닌가 보네. 내가 괜한 걱정을 끼쳤다."

"무슨 인사발령?"

"아니야. 인사과에서 연락 없었으면 아니겠지 뭐."

"90일까지는 괜찮다던데. 재판이랑 잘 끝내고 엄마 회복 좀 하시면 바로 복귀하려고."

동료의 전화에 좀 찜찜한 기분이 남았지만 그렇다고 모르는 척 인사과에 연락할 수도 없는 노릇이었다. 그러나 동료의 염려가 현실이 되는 건 채 보름도 걸리지 않았다. 이번 달 내로 회사에 복귀

해야 한다는 것과 돌아와서는 판매 업무를 해야 한다는 통보였다. 판매 업무를 하면 주말에는 재영이와 함께 보내는 시간을 포기해야 한다. 아무리 생각해도 자신이 하던 일과는 전혀 상관이 없는 업무를 한다는 것도 부당하게 느껴졌다.

"연봉 협상을 좀 빨리 했더라고. 그때 너한테 연락이 없었어?"

인사과의 연락을 받고 동료에게 전화를 했더니, 남들은 이미 연봉 협상까지 마친 상태였다. 무기 계약직인 승연에게 연봉 협상의 연락이 없었던 걸 보면, 해고를 염두에 둔 처사라고밖에는 생각할 수 없었다. 고민만 한다고 해결될 문제가 아니었다. 승연은 홍 대리에게 도움을 청했다.

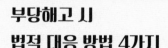

법률 Cafe

부당해고 시
법적 대응 방법 4가지

: 근로기준법, 노동위원회법

1. 지방노동위원회에 의한 부당해고 구제 절차를 이용한다

사용자에 의해 부당해고를 당한 경우, 근로자는 부당해고가 있던 날로부터 3개월 이내에 노동위원회에 구제 신청을 할 수 있다(근로기준법 제28조).

2. 중앙노동위원회에 의한 부당해고 구제 절차를 이용한다

지방노동위원회의 결정에 불복하는 근로자 또는 사용자는 지방노동위원회의 기각결정서를 통지받은 날로부터 10일 이내에 중앙노동위원회에 재심을 신청할 수 있다(근로기준법 제31조 제1항).

3. 행정소송 절차를 이용한다

중앙노동위원회의 재심 판정에 불복하는 경우, 근로자는 재심 판정서를 송달받은 날로부터 15일 이내에 행정소송법의 규정에 따라 소(訴)를 제기할 수 있다(근로기준법 제31조 제2항).

4. 민사소송 절차를 이용한다

해고를 당한 근로자는 법원에 사용자의 일방적 의사로 인한 해고의 무효를 확인해달라고 '해고무효확인의 소'를 제기할 수 있다. 노동위원회에 의한 부당해고 구제 절차는 법관이 아닌 노동위원회의 위원들로부터 판단을 받지만, 법원에 의한 해고무효확인의 소는 판사로부터 판단을 받는다는 차이가 있다. 두 제도는 별개이므로 노동위원회에 부당해고 구제 신청을 한 근로자도 동시에 해고무효확인의 소를 제기할 수 있다.

"내가 재영이 일로 지각하고 조퇴를 몇 번 한 건 사실이야. 애를 키우다 보면 애가 아픈 날도 있고 그런 법이잖아. 그러면 남자 사원들은 뒤에서 '일도 제대로 못 하면서 뭐 하러 나왔냐'는 식으로 쳐다봐. 팀장도 그중에 한 명이었어. 한번은 육아휴직 관련해서 내가 허위사실을 유포했다고 각서를 쓰라는 거야. 그래서 내가 허위사실은 유포한 적도 없다, 그냥 육아와 일을 병행하기가 힘들다는 평범한 이야기를 했을 뿐이라고 했어. 아무래도 그게 발단이 되었나 봐."

"누나, 혹시 그런 일과 관련해서 팀장의 말을 녹음한 적이 있어?"

"그때 그냥 기분 나쁘다고만 생각하고……. 각서 때는 너무 억울하다 싶어서 그때 상사가 했던 말을 받아 적어둔 게 있긴 한데, 그게 증거가 될까? 몇몇 동료들한테는 바로 얘기도 했고."

"일단 고용노동부에 문의를 해보자!"

승연은 고용노동부의 조언을 받아 일단 회사에 면담 신청을 했다. 역시나 정상적인 인사발령이라는 회사의 답변만 돌아왔다. 승연은 홍 대리와 함께 면담 신청과 서면을 통한 대응을 했다. 그래도 회사 입장에는 변함이 없었다.

"아무래도 고용노동부에 진정을 하고 그래도 안 되면 구제 신청을 해야겠어. 재영이 일까지 있는데, 누나 괜찮겠어?"

"재영이 일은 막바지인 데다가 변호사님하고 다른 엄마들도 있으니까 괜찮아. 나 참 한꺼번에 별일을 다 겪는다. 요즘 한 십 년은 더 늙은 것 같아."

"매형은?"

"매달 꼬박꼬박 생활비는 보내와. 조금이긴 하지만."

"그래도 이제 정말 재영이만 생각하시겠지. 아파트는 어떻게 할 거야?"

"뭐 백방으로 알아보고 다닌다고는 하는데, 없던 돈이 어디서 생기겠냐. 시댁에서도 돈 나올 구멍은 없고, 아버지한테는 아직 매형 얘기도 못 꺼냈어. 아버지도 빌라 대출받아서 사신 거고."

홍 대리는 도움을 줄 수 없는 자신의 처지가 한심스러웠다.

'이럴 때 모아놓은 돈이 있다면 다만 얼마라도 누나에게 빌려줄 수 있을 텐데……'

다음 날 홍 대리는 은행에 가서 직장인 대출을 알아보았다. 금리가 너무 높아서 엄두를 내지 못하고 그냥 돌아와야 했다.

"그 사람들 조금 이상한 것 같지 않아요? 문을 아무리 두드려도 나오지도 않고. 내일은 당신이 좀 가봐요."

"내가 간다고 뭐가 해결되나. 쓰레기 대충 치우고 계단 청소는 해두긴 했네만."

"그러면 뭐 해요. 임시방편이지. 옥상은 봤어요? 자기네들 마음대로 무슨 조립식 창고 같은 걸 만들어놓고는 거기다가 물건을 쌓아두었더라고요."

"뭐?"

"두 분 뭘 그리 소곤소곤 얘기하세요?"

홍 대리의 부모님은 밥상 앞에서 밥을 먹다 말고 진지한 표정으로 얘기를 나누고 있었다.

"이번에 이사 온 3층 사람들 말이다. 쓰레기봉투를 문밖에 내놓고 쓰는데 어찌나 지저분한지, 다른 집에서 자꾸 전화가 온다. 가서 치우면 또 그러고, 계단에다가 물건을 막 쌓아두기도 하고. 사람들이 왔다 갔다 하는 데 불만이 이만저만이 아니야. 근데 전화는 또 안 받아요. 찾아가면 안에 사람이 있는지 없는지 도통 얼굴을 볼 수가 없다니까."

"밤늦게 한번 찾아가보세요. 늦게 퇴근하는 직업일 수도 있으니까요."

"얼굴을 봐야 무슨 얘기를 하지. 나 원 참."

아무 말이 없던 아버지도 얼굴을 찌푸리며 혀를 찼다. 어머니는 며칠째 계속 연락을 취하는 모양이었다. 아무래도 세입자를 만나기가 쉽지 않은 듯했다.

"막둥아, 정말 이 사람들 안 되겠다. 내보내든지 해야지. 어떻게 방법이 없을까?"

"한번 알아볼게요."

홍 대리는 세입자에게 보낼 내용증명을 준비했다. 내용증명을 보냈는데도 그들이 꼼짝 않는다면 소송을 하는 방법밖에는 답이 없는 것 같았다.

역시나 내용증명을 보낸 후에도 그들은 도통 소식이 없었다. 얼마 후 2층 세입자로부터 3층 세입자가 집에 있는 것 같다는 소식이 들려왔다. 혼자서 사람들을 만나러 간 아버지는 예상외로 밝은 미소를 띠며 집에 돌아왔다.

"아니, 이 양반 왜 이렇게 싱글벙글이야?"

"잘 해결되었네."

"네? 무슨 당신이 해결사예요?"

"아버지 어떻게 하셨어요? 고소한다니까 겁 좀 먹던가요?"

"아니다."

"그럼요? 뜸 들이지 말고요."

"그동안 지방으로 일하러 간 사이에 아들 내외가 잠깐 와서 머문 모양이더라고. 이런 난장을 벌여놓았을지는 꿈에도 몰랐다네. 미안하다고 사과를 하면서 이번 주 내로 집은 다 정리를 해놓겠다고 하고, 아들 내외 데리고 아예 지방으로 내려가서 살 생각인가 봐. 방을 내놓아도 된다네."

"잘된 일이긴 한데 뭔가 맥이 빠지네."

어머니의 말에 홍 대리와 아버지도 크게 한번 웃었다.

희한하게 그 무렵 누나도 회사와의 협의점을 찾았다. 노동고용부를 통해 낸 진정이 통한 모양이었다. 사실 누나는 동료가 귀띔해 준 직장맘 지원센터의 도움도 받았다.

"직장맘 지원센터와 연관된 변호사님이 아이를 키우는 여성 변호사라 내 심정을 더 알아주셨어. 법적으로나 제도적으로는 출산이나 육아에 부담 없이 일하라고는 하지만, 현실에서야 어디 그러니. 그래도 조금이라도 직장맘의 고충을 알아주는 곳이 있어서 다행이긴 하더라."

홍 대리는 무엇인가 맥이 빠진다던 어머니의 말을 다시 한번 상기했다. 그동안은 법을 도구로 전투태세를 갖추고 있었는데, 싸우기도 전에 저쪽에서 항복을 한 것 같은 느낌이었다. 평소에 자주 찾던 법률 관련 블로그에 들어가보았다.

"소송만 믿으면 안 된다?"

제목에 이끌려 내용을 살펴보았다. 소송에서는 항상 이긴다는 보장이 없고, 설사 이긴다고 해도 돌아오는 이익보다 상처가 더 큰 경우에는 서로 합의를 하는 게 가장 좋은 방법이란다. 법원에서 판사도 양쪽에게 조정을 권한다고. 홍 대리는 내용을 다 읽고 나서 빙그레 미소를 지었다. 가장 최선의 해결은 서로에 대한 이해와 소통이 아닐까 하는 생각이 스쳤다.

'법에 대한 이해가 있다면 해결과 소통은 더 쉽지 않을까?'

:   소장(訴狀)이란 원고가 피고에게 구하는 바를 적은 문서로,
청구취지와 청구원인 부분으로 구성된다. 쉽게 말해 청구취지는 결
론 부분이다. 예를 들어 '그래서 돈을 얼마를 달라'를 작성하는 부분
이다. 자유롭게 기술해도 되지만 내용이 명확하게 정리되어 있어야
하고, 각 주장에 따른 증거를 '갑제00호증'이라고 붙여 분명하게 밝
혀두어야 한다. 청구원인은 이유 부분에 해당한다. '언제, 어디서, 얼
마를 빌려 갔다'를 서술하는 것이다.

소장 마지막 장에는 차용증, 녹취록, 입금증 등 증거 방법과 첨부서
류를 기재해 함께 제출한다. 총 세 부(원고, 재판부, 피고)를 작성하여 두
부를 법원에 제출한다. 전자로도 소장을 법원에 접수할 수 있다.

소 장

원 고   김 ○ ○
               주소
피 고   박 ○ ○(수인의 피고, 공동소송)
               주소(송달의 문제)

대여금청구의 소

청 구 취 지

1. 피고는 원고에게 201,000,000원 및 이에 대한 2017. 7. 7.부터 이 사건 소장 부본 송달일까지는 연 5%, 그다음 날부터 다 갚는 날까지는 연 15%의 각 비율에 따른 돈을 지급하라.
2. 소송 비용은 피고가 부담한다.
3. 제1항은 가집행할 수 있다.

                                    라는 판결을 구합니다.

청 구 원 인

1. 당사자 간의 관계
2. 금전 대여
3. 피고가 변제해야 할 금액

증 거 방 법

1. 갑제1호증	차용증(2017. 11. 8)
1. 갑제2호증	내용증명(2017. 10. 17)
1. 갑제3호증의 1	녹취록(2018. 9. 5)
1. 갑제3호증의 2	녹취록(2018. 9. 15)

첨 부 서 류

1. 소장부본	2부
1. 위 증거 방법	각 1부
1. 납부서	1부

2019. 2. 15.

위원고 : 김 ○ ○ (인)

서울중앙지방법원 귀중

다음은 앞의 소장을 작성한 후 진행될 민사소송의 실제 과정이다.

1. 원고의 소장 접수

소송을 제기하려면 먼저 소장을 관할 법원에 제출해야 한다. 소장에는 소를 통하여 손해배상 등의 청구를 하는 사람인 원고가 청구 상대방인 피고에게 무엇을, 어떤 이유로 청구하는가에 관한 내용이 담겨 있어야 한다.

2. 법원사무관 등 소장 심사

소장이 법원에 접수되면 사건 번호가 붙는다(예를 들어 '2016가합7891 손해배상(기)'). 사건 번호가 붙은 소장을 배당받은 재판장은 민사소송법에 규정된 기재 사항이 잘 기재되어 있는지를 심사하고, 만약 기재 내용이 미비하거나, 인지가 붙어 있지 않은 경우는 이것을 수정 또는 보충하라는 명령(보정명령)을 내리게 된다.

3. 피고에게 소장부본 송달

법원은 소장 심사가 끝나면 소장의 부본을 소송 상대방에게 송달한다. 소제기일로부터 이 과정까지는 보통 15일 정도 걸리며, 길게는 한 달까지 소요될 수도 있다.

4. 피고의 답변서 제출

소장을 송달받은 피고는 송달받은 날로부터 30일 이내에 답변서를 준비하여 법원에 제출해야 한다. 이때 완벽한 답변서를 낼 필요는 없고, 간단히 '원고 청구의 기각을 구합니다. 이유는 추후 상세히 답변하겠습니다'라는 정도만 써내도 된다.

5. 피고의 답변서 미제출 시

소장을 송달받은 지 30일 이내에 피고가 답변서를 제출하지 않은 경우, 법원은 원고가 주장한 사실을 피고가 자백한 것으로 보고 판결할 수 있다(민사소송법 제257조). 즉, 이 경우 무조건 원고 승소가 되는 것이다. 이때는 무변론 판결선고기일을 지정하게 되는데, 판결선고 직전에라도 피고가 답변서를 제출하여 기각을 구하면 변론은 재개된다.

6. 재판장의 변론기일 지정

재판장은 가능한 최단기간 안의 날로 제1회 변론기일을 지정하여 양쪽 당사자에게 통보한다(민사소송법 제258조). 변론기일이란 양쪽 당사자가 법원에 출석하여 재판장 앞에서 사건의 쟁점을 확인하고, 상호 반박하는 기회를 가지는 절차를 말한다.

7. 준비서면 제출 및 서면을 통한 주장, 입증

소송 진행 중 양쪽 당사자가 서로 주고받는 서면을 '준비서면'이라고 하고, 양쪽 당사자는 준비서면을 통해 내용을 주장, 입증하며 증거를 함께 제출한다.

8. 판결선고 기일

선고일에 법원에 출석하지 않아도 판결은 선고된다(형사재판의 경우는 피고인이 반드시 출석해야 한다). 항소는 판결선고 후 판결문을 송달받은 날로부터 14일 이내에 할 수 있다(형사재판은 선고일로부터 7일).

이렇게 제1심판결이 끝날 때까지는 대략 6~10개월이 소요된다. 특이한 사건이나 복잡한 사건은 1년 이상 걸리는 경우도 종종 볼 수 있다. 제2심의 소요 시간은 1심보다는 짧은 편이며, 제3심인 대법원판결은 짧게는 4개월, 길게는 2년까지도 걸린다. 물론 정치적인 사건이나 민감한 사건은 6년 정도 걸릴 수도 있다.

04
법을 알면
골든타임을 지킨다

　드디어 디데이가 다가왔다. 홍 대리가 개발한 신제품은 회사 창
립기념 행사를 빛낼 주요 품목이었다. 하나부터 열까지 꼼꼼하기
로 소문난 서 과장도 이번에는 감이 좋다며 전폭적인 지지를 아끼
지 않았다. 팀원들도 한마음, 한뜻으로 힘을 쏟아 만든 상품이었
다. 홍 대리는 새벽 같이 일어나 대형마트에 공급한 물건을 확인
하기 위해 마트로 갔다. 상품은 물론 포장지까지 세세하게 살폈다.
　"어디 보자. 원산지 표시 이상 무! 표시사항 활자 크기도 괜찮
고, 유통기한은 2019년 2월 15일."
　그런데 뭔가 이상했다. 안에 들어가 있는 양념장의 유통기한은
2019년 2월 10일이었다.
　'상품 전면에 표기한 유통기한하고, 제품 안에 동봉한 양념장의

유통기한이 같아야 하는 거 아닌가?'

게다가 오늘은 2019년 2월 11일. 양념장의 유통기한은 심지어 지나 있었다. 마트 내 신선식품 담당 직원을 찾아가 자초지종을 설명했다.

"네? 이거 큰일인데요. 일단 내부 보고부터 해야겠습니다."

대형마트에서는 물건을 확인하자마자 신속하게 철수 조치를 시작했다.

"아니, 도대체 물건 확인도 제대로 안 하셨습니까? 당장 모든 물건 철수시키고 폐기 스티커를 붙여야 합니다."

등골이 오싹해지면서 정신은 아득해졌다. 서 과장의 얼굴이 떠올랐다. 게다가 장어를 저렴한 가격에 공급해준 사장님은 또 어떤가. 고생한 회사 팀원들의 얼굴이 하나씩 겹치며 다리에서 힘이 풀렸다. 너무 세세한 데 온 신경을 다 쏟았기 때문일까, 정작 중요한 걸 챙기지 못하고 지나친 홍 대리였다.

'회사에 엄청난 손실이겠지? 왜 자꾸 나에게만 이런 일이 생기는 걸까?'

홍 대리는 머리를 쥐어뜯다가 빨리 최우빈 팀장에게 이 사실을 알렸다. 어떻게 처리해야 하는지 자문을 구했다. 예의를 차릴 정신도 없었다. 곧바로 전화를 걸었다.

"팀장님, 저 홍 대리입니다!"

"대리님, 무슨 일 있으십니까?"

다급한 목소리 때문이었는지 최우빈 팀장은 금세 일의 형세를 알아차렸다.

"오늘 출시한 기획 상품의 유통기한 표시에 문제가 생겼습니다."

"네? 어떻게 잘못되었는데요?"

"상품 겉면에는 유통기한이 2월 15일까지로 적혀 있는데, 상품 안에 동봉된 양념장에는 2월 10일까지로 표기되어 있었습니다. 유통기한도 넘었고요. 지금 담당자분이 모두 폐기 처분해야 한다고 하네요."

"아, 이런! 여러 가지 원재료가 섞여 있는 상품은 제일 짧은 유통기한으로 기재가 되는 건데 큰일이네요. 더욱이 유통기한도 경과되었고. 일단 상품 판매는 당연히 중지시켜야 해요. 매장에서 바로 철수시키고 폐기 상품 표시를 부착해두세요. 혹시라도 외부 기관에서 점검을 나오면 오해를 살 수 있으니까 다시 한번 확인해주시고요. 그리고 해당 상품은 사진을 찍어서 공급업체 담당자분께 전송하세요. 생산 중인 것과 생산된 것에 대해서 전수검사를 해달라고 하시고요!"

"공급업체에서 확인한 것도 잘못되어 있으면 어떡하죠? 전량 폐기인가요? 그렇다면 이번 창립기념 행사에는 큰 차질이……."

"지금 그걸 걱정할 단계가 아닙니다. 서둘러서 공급업체에 이야기하시고 추가로 잘못 생산하는 일이 없도록 해야 합니다. 지금 전화를 끊고 바로 처리하세요! 상사분께도 연락하시고 회사 자문 변호사에게도 도움을 요청하세요."

서 과장에게 전화를 하려고 휴대폰을 들었지만 손가락이 얼어붙은 것처럼 움직이지 않았다.

'회사에 큰 리스크가 되지 않도록 서둘러 처리해야 해! 정신 차려! 홍승수! 타이밍을 놓치면 제대로 해결할 수 없다고 했어!'

최우빈 팀장의 조언대로 심호흡을 한 번 하고 서 과장에게 연락했다. 그리고 바로 공급업체에 전화를 걸었다.

"홍승수입니다. 지금 생산하고 있는 상품 즉시 생산 중단해주세요. 그리고 생산된 제품 모두 상품 겉면 유통기한과 동봉한 양념장에 표시된 유통기한을 확인해주시고요! 급합니다."

"네? 무슨 말씀이신지……."

"유통기한 표시가 잘못 되었다고요! 지금 이럴 때가 아닙니다. 얼른 확인부터 해주세요!"

자신도 모르게 큰소리가 나왔다. 속으로 짧게 욕을 하며 전화를 끊었다.

'제발 일부 상품만 잘못되었기를!'

속이 타들어갔다. 공급업체의 확인 전화를 기다리는데 등에서

식은땀이 나고 입안이 바짝바짝 말랐다. 악몽이 다시 시작될 것만 같았다. 휴대폰의 벨이 울렸다.

"홍 대리님! 정말 죄송합니다. 처음 생산한 제품 중 일부가 유통기한에 문제가 있었습니다. 어떻게 하죠? 지금이라도 생산 상품 다시 해체해서 문제없이 만들까요?"

"그건 안 됩니다. 식품인데 포장을 해체하고 다시 만드는 과정에서 상품이 오염될 수 있습니다. 제가 다시 연락드리겠습니다."

최우빈 팀장에게 바로 전화를 걸었다. 지금 이 상황에서 최대한 리스크를 줄일 정답을 알고 있는 사람은 그뿐이라고 생각했다.

"공급업체에서 처음 생산한 제품들의 유통기한에 오류가 있었다고 합니다. 업체에서는 생산된 제품을 해체해서 다시 만든다고 하는데 어떻게 할까요?"

"신선 가공식품의 경우 포장재를 해체해서 다시 상품을 만들면 그 과정에서 상품이 오염될 수 있습니다. 이것은 저보다 홍 대리님이 더 잘 아시지 않습니까. 또한 유통기한이 지난 양념장이 들어 있었는데 이를 다시 인쇄해서 재활용한다는 것도 부적절한 방법입니다. 생산된 물량이 어느 정도라고 합니까? 생산된 수량을 정확하게 다시 확인해서 알려달라고 하시고, 생산된 제품은 모두 폐기하라고 해주세요! 그리고 회사에서 누군가는 지금 당장 해당 업체로 가셔야 할 것 같습니다. 가셔서 상품을 모두 폐기하는 과정에 직접 참관하라고 해주세요."

"네? 그렇게까지 해야 하나요?"

"네! 생산 물량, 폐기 수량 모두 일치하는지 정확히 확인해서 공급업체 직원의 확인 서명도 받으셔야 합니다."

"알겠습니다."

홍 대리는 최우빈 팀장의 지시에 따라 빠르게 행동했다.

"홍승수입니다. 총 생산된 수량이 몇 개입니까? 아니 잘못 생산된 제품이요."

"500개 정도 됩니다. 어떻게 하나요?"

"눈속임으로 포장만 다시 한다고 해서 해결될 문제는 아닙니다. 그 과정에서 상품이 오염될 수도 있고, 그걸 드신 고객이 탈이라도 난다면 문제는 걷잡을 수 없어져요. 양념장은 유통기한도 경과되었으니 이번에 생산한 제품은 전량 폐기하는 것이 맞습니다."

"이걸 다 폐기하면 손해가 엄청납니다. 우리밖에 모르는데 포장지만 살짝 교체하면 될 것을 일을 너무 크게 키우시는 거 아닙니까? 그걸 홍 대리님 선에서 이렇게 결정해도 되는 겁니까?"

"죄송하지만 저도 이 건으로 회사에서 어려워졌습니다. 하지만 손해를 감수하고서라도 올바르게 처리하라는 지시가 내려왔습니다."

업체 측에서는 상품 폐기로 인한 손해 때문에 상황을 받아들이

려 하지 않았다. 홍 대리가 업체 쪽과 긴 통화를 하는 사이 서 과장이 사하라 전문 변호사와 함께 매장에 도착했다. 홍 대리가 통화하는 모습을 지켜보던 서 과장이 전화를 바꿔달라는 신호를 보냈다.

"서 과장입니다. 상황은 모두 들었습니다. 저희 변호사님과 같이 찾아뵙겠습니다. 함께 대책을 의논해보시죠. 그리고 미리 말씀드리는데 그쪽에도 의사결정을 하실 수 있는 분이나 법적인 부분을 검토하실 수 있는 분이 동석하는 게 좋을 것 같습니다."

전화를 끊고 서 과장은 서둘러 변호사와 함께 업체와의 계약서 내용, 그동안 상품 개발을 진행하며 주고받았던 메일, 회의록 등을 모두 점검했다. 수거한 물건을 확인한 후 증거사진을 남긴 홍 대리는 서 과장, 사하라 전문 변호사와 함께 공급업체로 들어갔다.

"정말 너무 하십니다. 저희는 어쩌라고 이러십니까. 서로 사정 잘 알면서 그러시네요."

업체 사장은 포장지만 교체하거나 유통기한 부분만 다시 스티커를 부착해 납품하면 문제가 될 게 없다며 목소리를 높였다. 그러나 서 과장은 끄덕하지 않았다. 살얼음 같은 분위기가 이어졌다. 홍 대리는 침을 한 번 꿀꺽 삼키고는 말을 시작했다.

"사장님, 고충은 충분히 이해됩니다. 그러나 이 상품이 저희 창립기념 행사 대표 상품이라는 것도 잘 아시죠? 이 상품으로 인해 문제가 생기면 우리 회사에 대한 마트나 고객들의 신뢰가 바닥으로 떨어질 것입니다. 상품을 전량 폐기하고 지금 하나라도 빨리 다시 생산해야 합니다."

"하지만 저희 쪽 손해가 너무 큽니다. 잘 아시잖아요."

"지금 당장 눈앞의 손해보다 나중에 돌아올 위험이 더 크다고 생각하진 않으세요? 회사 문을 닫게 될 수도 있어요. 다른 것도 아니고 유통기한 경과 상품이 판매된 것이잖아요."

홍 대리의 간곡한 설득에도 불구하고 납득이 되질 않는다며 사장은 완고하게 나왔다. 옆에서 지켜보던 변호사는 사장은 쳐다보지도 않고 업체에서 나온 법무 담당자를 보았다.

"'상품 공급회사는 법규 및 품질에 있어 완벽한 상품을 공급해야 하고, 이를 준수하지 않아 발생하는 문제는 모두 공급회사가 부담해야 한다'는 계약서 조항 보이시죠?"

단호한 어투였다.

"공급회사는 이 상품이 창립기념 행사 대표 상품이라는 걸 알고 있었기 때문에, 상품을 제대로 공급하지 않아서 생긴 문제와 이로 인해 우리 회사에 생긴 이미지 타격에 대하여 엄중히 책임을 물을 수밖에 없습니다."

상대 업체의 법무 담당자는 자신의 사장과 잠시 따로 얘기를 하고 오겠다는 의사 표시를 했다. 잠시 후 사장은 많이 누그러진 표정으로 돌아왔다.

"저희가 상품을 폐기하여 재생산하면 판매기회 손실에 대한 책임을 면제해주십시오."

업체 법무 담당자와 사장이 답을 기다렸다. 서 과장은 잠깐 변호사와 눈빛을 교환했다.

"단, 저희 쪽에서 요구하는 시간까지 완벽한 상품을 다시 공급해주셔야 합니다."

변호사는 A4 용지 한 장을 꺼내 해당 내용을 협력업체 명의로 작성하여 서명을 받았다. 그러고는 그것을 복사해 사본을 주고, 원본은 가방에 넣었다. 더불어 그 자리에서 해당 상품을 모두 해체해 폐기하는 모습까지 동영상에 담았다. 일을 마무리하고 돌아오는 차 안에서 홍 대리는 고개를 들 수가 없었다. 자신이 한 일은 아무것도 없었다. 게다가 이 일로 인해 자신은 물론 서 과장도 곤란해질 것이 뻔했다. 적막한 차 안에서 아무 말도 없이 앉아 있던 서 과장이 홍 대리의 마음을 더욱 무겁게 짓눌렀다.

"홍 대리님이 문제를 빨리 발견해서 큰일이 발생할 뻔했던 것을 막은 거예요. 만약 이 문제를 행정기관에서 먼저 알았다면 우리는 시정할 수 있는 기회조차 놓쳤을 거고, 회사는 법적으로 큰 처벌을 받았을 겁니다. 정말 중요한 일을 한 거예요."

변호사의 말에도 서 과장은 계속 묵묵부답이었다. 서 과장의 휴대폰 벨소리가 울렸다. 조용하던 차 안의 정적을 깬 휴대폰 소리는 전쟁을 선포하는 대포 소리처럼 크고 다급하게 들렸다.

"과장님! 다른 매장에서 상품 판매 중지 이전에 구매하신 분들이 계십니다. 그분들이 유통기한 경과 상품을 대형마트에서 팔았다고 구청과 방송국에 제보한 모양입니다. 어떻게 하면 좋을까요? 마트 측에서도 난리가 났습니다!"

홍 대리의 얼굴이 새하얗게 질렸다. 이번에야말로 완전히 나락으로 떨어지는 느낌이었다.

"홍승수! 정신 차려"

서 과장이 홍 대리의 팔을 잡고 흔들었다.

"가장 정신 차리고 있어야 할 놈이 넋 빠진 얼굴을 하고 있으면 어떡해. 당장 김 주임에게 연락해! 우리는 구청과 방송국에 가야하니까 회사 내 신입들까지 모두 대형마트 매장으로 나와서 상황 체크하며 대기하도록! 그리고 김 주임은 사건을 인지한 시점부터, 사후 처리에 관련된 자료 준비 좀 해달라고 부탁해. 가능한 한 모두 총동원해서!"

"네, 네! 알겠습니다."

팀원들이 발 빠르게 움직인 덕분에 구청과 방송국에는 사건에 대한 설명과 조치 사항에 따른 자료를 먼저 브리핑할 수 있었다. 법무법인 사하라에서는 구체적인 근거를 제시하며 발생한 문제가 고의적인 일이 아니었음을, 유통기한 오류 사실을 인지하자마자 마트 측과 함께 발 빠르게 대처했다는 점을 강조했다. 물론 제대로 유통기한을 확인하지 못한 회사의 잘못은 정직하게 밝히고 사과했다. 홍 대리는 물건을 사간 고객에게 직접 찾아가 상황을 설명하고, 상품 폐기 영상을 보여주며 진심으로 사과를 했다. 그리고 해당 제품에 대한 환불 처리 절차 등에 대해서도 마트 직원들과 함께 자세히 설명했다. 그날 저녁 홍 대리가 겪은 사건은 방송에 보도됐지만, 잘못된 상품에 대한 고발이나 질책 대신 홍 대리의 회사와 대형마트, 그리고 상품 공급회사의 올바른 의사결정에 대한 칭찬에 논점이 맞춰졌다. 오히려 다른 기업에서 본받을 만한 대응 방식이었다는 내용이었다.

얼마 후 홍 대리는 말로만 듣던 방송 효과를 실감했다. 회사는 오히려 '신뢰'라는 이미지를 얻고, 기획 상품은 날개 돋친 듯 팔렸다. 이런 회사의 제품이라면 믿고 먹을 수 있겠다는 반응이 뜨거웠다. 발생한 사태에 대해 홍 대리가 일부 책임을 져야 하는 것이 맞지만, 회사는 골든타임을 놓치지 않은 용기와 그의 빠른 대처를 감안하여 이번 일을 시금석으로만 삼겠다고 발표했다.

위기를 넘기는 며칠 동안 제대로 잠을 잔 날이 없었다. 홍 대리는 눈에 띄게 수척해졌지만, 큰 산을 넘고 난 사람답게 마음은 더 단단해졌다.

4부

우리 안에 잠든
법 정신을 깨우자

01
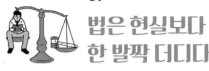

법은 현실보다
한 발짝 더디다

"법은 어린이들의 손을 들어주었지만, 다시 한번 어린이집 관리 부재와 안전법규 미흡에 대한 문제가 불거지면서 이에 대한 평가 체계 기준을 통일하라는 현장의 목소리가 계속될 전망입니다. DSB 뉴스, 김희구 기잡니다."

재판에서 승소하자 엄마들은 환호성 대신 그 자리에서 서로 부둥켜안고 울었다. 김훈석 변호사의 도움으로 일이 빨리 진행됐지만, 지난 몇 개월은 힘든 시간이었다. 승연이 겪었던 것처럼 소송에 참여한 엄마들은 아이들을 어린이집에 보내지 못해 육아만으로도 힘에 부쳤다. 그나마 승연은 친정에다가 아이를 맡겼지만 그러지 못하는 엄마들은 다니던 회사에 휴직계를 내거나 그만두었다. 승연처럼 한 번 육아휴직을 하고 회사에 복귀한 경우에는 특히 다시 휴직을 신청하기가 힘들었다. 회사에 눈치가 보이는 것도 있고, 일을 한동안 쉬다가 복귀하면 감각을 회복하는 데 시간이 좀 걸렸다. 한술 더 떠 사람들은 다른 사람의 상황에 대해 잘 알지도 못하면서 쉽게 말을 옮겼다.

"일일이 설명할 수도 없고, 사람들이 이러쿵저러쿵하는 말이 너무 힘들었어."

"남의 사정은 제대로 알지도 못하면서……."

"응원도 해주지만 아무 생각 없이 내뱉은 것 같은 한마디에 울기도 했어요."

"그것보다 우리 잘못도 아닌데 아이한테까지 사람들이 손가락질할까 봐 무섭기도 했고."

엄마들의 고백은 승연의 고백이기도 했다. 가족들에게도 이런 말을 할 수 없었다. 무엇인가가 자꾸 안으로 삼키게 만들었다. 그건 함께 같은 고민을 해본 사람들만이 알 수 있는 특별한 공감이었다.

승연은 처음으로 법이라는 문을 열고 들어섰다는 느낌을 받았다. 법이라는 문은 항상 거기에 있었지만 그 문을 열 일도, 열린 문으로 들어설 용기도 없었다. 동생 승수가 법에 대한 이야기를 하고, 이혼을 결심해 변호사도 만나보았지만 법은 늘 소원했다. 그런데 이번에는 혼자가 아니라 다른 엄마들과 함께, 전문가의 도움을 받아 그 시간을 견딜 수 있었다. 법은 스스로가 그 문을 열고 들어가기 전까진 자신과 상관없는 세계라는 것을 깨달았다. 하나의 문을 열고 들어갔다 해도 눈앞에 놓인 현실은 녹록지 않았다. 재판에 당장 승리했다고 해도 재영이를 맡길 어린이집은 없었다.

"어린이집에 운영 정지 5개월, 원장에게는 3개월 자격 정지 처분이 떨어졌습니다."

김훈석 변호사는 어린이집 원장이 재심을 청구할 경우까지 대비했다. 승연은 법정에서 그렇게 많은 증거를 내보였는데도, 원장이 증인 앞에서 반성의 기미조차 보이지 않았다는 사실에 화가 났다. 판결 결과도 아이들의 신체적·정신적 상처에 비하면 너무 적다고 생각했다.

"저는 최선을 다해서 아이들을 돌본 죄밖에 없습니다. 물론 선생님들의 관리 감독 소홀에 대한 처분이라면 달게 받겠습니다."

원장의 마지막 말에 엄마들은 분노했다. 심지어 자신의 잘못을 선생님들에게 떠넘기는 발언이었다. 홍 대리는 승소 판결을 기뻐했지만, 한편으로는 매형이 법정에 나타나지 않았다는 사실에 마음이 쓰였다. 아마 누나의 마음도 그랬으리라. 집에서는 가족들이 모여 축하 파티를 열기로 했다. 오랜만에 홍 대리의 집은 흥겨운 분위기였다.

"재영이 아빠는 이런 날 오지도 않고 뭐 하는 거냐?"

"……."

"박 서방 왔었어. 내가 봤네."

"그래요? 어디서요?"

"어디긴 어디야 법원에서지."

어머니는 어쩐 일인지 더 이상 아버지에게 캐묻지 않고 승연만 힐끗 쳐다보았다. 아버지는 급히 화제를 돌렸다.

"어린이집이 운영 정지를 당하면 그다음에는 어떻게 되는 거냐?"

"일단 과태료를 부과한다고 하더라고요."

"반성 좀 하고 달라지면 좋겠구나. 너 같은 워킹맘이 마음 편하게 아이들을 맡길 데가 많아지면 얼마나 좋겠냐."

"제 생각에는 법이나 규제가 좀 더 구체적이고 실질적이면 좋겠어요. 관리 감독에 대한 규제가 엄격해지면 환경이 더 나아지지 않겠어요? 일반인들도 법에 좀 관심을 가졌으면 하고요. 법을 조금만 알아도 모르고 당하는 일이 없고, 도움을 청할 수도 있는 곳도 많아지잖아요."

그때 재영이 갖고 놀던 홍 대리의 휴대폰이 요란하게 울렸다. 홍 대리는 화면에 찍힌 '매형'이라는 글씨를 보고 얼른 휴대폰을 집어 들어 방으로 들어왔다.

"처남, 나 좀 도와주라. 나도 속은 거야."

"무슨 말씀인지 좀 천천히 말해보세요."

"내가 맡겼던 돈 말이야. 사기당했다. 펀드매니저라고 하는 사람이 진짜 펀드매니저가 아니었어. 선물 옵션에 1억 원을 투자하면 몇 개월 뒤에 2억 원을 벌 수 있게 해주겠다고 했는데. 내가 속았지. 등신이야. 등신."

"경찰에 신고는 하셨어요?"

"아니, 이게 나하고 같이 일하는 동료랑도 얽힌 일이라. 동료가 하도 사정을 하길래 신고도 못했어."

"그게 무슨 말씀이세요? 그럼 동료도 같이 짜고 매형한테 사기 친 거예요?"

"아니, 동료도 속은 거지. 그래도 이 친구는 처음에 투자해서 이익을 봤으니까 큰 손해는 아니야. 그런데 나는 이 친구가 소개해준 뒤에 들어가서……. 주식해서 까먹은 돈이랑 이번에 투자한 돈까지, 나 이제 재영 엄마 얼굴을 어떻게 보나. 진짜 만회 좀 해보려고 그런 거야. 처남 나 좀 도와줘. 아는 변호사들 있는 것 같던데 뭔가 해결책이 있지 않을까?"

"매형, 제 생각엔 신고를 먼저 하는 게 좋겠어요. 그 동료분도 모르고 한 거니까 처벌받지는 않을 거예요. 만약 알고서도 매형에게 소개를 했다면 그건 분명 공범일 테고요."

"그렇게 되면 회사 일에도 지장이 생기지 않을까? 회사에서 이 일을 알게 되면 나는 해고될지도 몰라. 그나마 회사에 다녀야 어떻게든 세 식구 굶기지 않지."

"매형, 범인을 빨리 잡으면 얼마라도 건질지 모르잖아요. 동료한테도 잘 말해서 같이 신고하는 방향으로 해보세요. 제가 자세한 것은 변호사님께 물어볼게요. 일단 진정 좀 하시고, 누나한테도 사실대로 말하는 게 좋겠어요."

홍 대리는 김훈석 변호사에게 도움을 청하는 메시지를 넣었다.

'홍 대리님 말씀처럼 일단 경찰에 신고부터 하는 게 맞습니다. 만약 신고를 해도 그 펀드매니저가 잡히지 않으면 피해에 대한 보상은 기대하기가 힘듭니다. 가해자가 회사에서 근무하는 진짜 펀드매니저도 아니었다면 회사를 상대로 대신 보상받기도 어렵고요.'

홍 대리도 뾰족한 수가 없다는 것은 짐작했지만, 막상 전문가로부터 객관적인 예상 결론을 듣고 나니 힘이 빠졌다. 과거에 읽었던 신문 기사 하나가 떠올랐다. 10년 동안 한 번도 들키지 않고 100억 원이나 되는 돈을 돌려막기 수법으로 빼돌렸다는 내용이었다.

'시간이 지나면 법률도 옷을 갈아입는다지만, 현실의 시간을 따

라가기는 어렵구나!'

홍 대리는 법이 현실보다 늦게 움직인다던 김훈석 변호사의 말이 떠올랐다.

토네이도 같은 소식이 기다리고 있었지만, 현재로선 빌라 세입자들도 조용하고 승연의 해고 처리도 휴직 처리로 바뀌어 가정은 오랜만에 평화로워 보였다. 아직 매형의 일이 남아있듯이 지금껏 매일이 폭풍 전야였다. 아직도 태풍의 눈 한가운데에 서 있는 기분이지만, 홍 대리는 당분간 이 고요한 평화를 누리기로 했다.

02

수술동의서를
작성해야 한다니!

"에고, 승수야! 네 아버지가, 아버지가……."

어머니는 말을 잇지 못하고 숨이 넘어갈 듯 흐느꼈다.

"승수야! 지금 당장 병원으로 와! 응급실이야! 응급실! 아버지
가 쓰러지셨어."

전화를 바꿔 든 누나는 자초지종에 대한 설명도 없이 응급실로
오라는 말만 남기고 전화를 끊었다. 아버지가 쓰러졌다는 말을 듣
고부터 다리에는 힘이 풀리고 마음이 무겁게 내리눌러 초조해졌
다. 서 과장에게 사정을 설명하고 병원으로 향했다.

이웃 건물의 반려동물 배설물 테러 사건 이후, 어머니는 건물
관리를 외부에 맡기고 싶다는 의지가 강했다. 하지만 아버지가 제
동을 걸어왔다.

"한 푼이라도 아껴야지. 우리가 충분히 할 수 있는 걸 왜 다른 사람에게 돈을 줘!"

어머니가 아무리 큰소리를 쳐도 이번에는 아버지가 꼼짝하지 않았다. 결국 어머니가 아버지의 고집에 손을 들었다. 하필 어머니가 그동안 삐걱거리던 허리를 치료하기 위해 병원에 간 오늘, 아버지는 혼자서 어머니의 몫까지 건물 청소를 하다가 그만 계단에서 발을 헛디뎠다.

가족들이 도착하자마자 의사는 서둘러 수술이 필요하다며 동의서를 내밀었다. 막상 수술동의서를 받아들자 실감이 났다. 의사가 수술동의서에 나온 갖가지 후유증을 설명해주었지만, 하나도 귀에 들어오지 않았다. 상상조차 할 수 없는 무서운 병명과 장애뿐이었다.

"두개에 이미 출혈이 생겼기 때문에 빨리 수술하지 않으면 안 됩니다."

일단 선택의 여지가 없었다.

"수술 후 경과를 지켜보시죠."

의사는 홍 대리가 사인한 수술동의서를 받아들며 간단하게 말을 마쳤다.

수술동의서 작성 후 의료사고가 발생했다면, 병원에는 정말 책임이 없을까?

: 민법, 의료법

서울고등법원의 판결에 따르면 '수술동의서'는 해석상 '집도 의사가 최대한 주의 의무를 다하여 수술을 시행하였음에도 결과가 불량한 경우 이에 대한 책임을 묻지 않는다'는 의미지, 집도한 의사의 고의나 과실로 인하여 발생한 피해까지 배상 책임을 포기한다는 취지는 아니다. 따라서 수술동의서를 작성한 후라도 집도 의사의 고의·과실로 인하여 의료사고가 발생했다면 의사 또는 병원에 손해배상을 청구할 수 있다. 다른 판례에서는 수술동의서에 보호자의 서명을 받았지만, 환자에게는 설명 의무를 다하지 않았다며 환자가 제기한 손해배상 소송에서 의료진에게 설명 의무 위반을 인정하여 위자료 1500만 원을 선고하기도 했다. 즉, 설명 의무 위반이 환자의 자기결정권을 침해한 것으로 보인다는 판결이다.

수술 예상 시간은 세 시간이었다. 그런데 네 시간이 다 되어 가도 '수술 중'이라는 글자에는 불이 꺼지지 않았다. 속이 타들어 갔다. 홍 대리는 어머니에게 보호자실에서 좀 쉬다 오라며 권유했지만, 어머니는 끝까지 자리를 지켰다. 드디어 수술이 끝났다. 수술 후 중환자실로 옮겨진 아버지는 의식이 돌아오지 않았다. 자꾸 잠만 주무셨다.

"낮에는 깨어 있도록 가족들이 도와주세요."

의사는 이런 상황이 일반적이라며 무심히 말했다. 병실의 다른 보호자들도 환자의 이름을 크게 부르거나 가볍게 볼을 때리고 있었다.

홍 대리는 며칠 휴가를 냈다. 하루하루 아버지의 의식이 돌아오기만을 바랐다. 일주일이 지나도 아버지는 여전히 의식이 없건만, 병원에서는 큰 고비를 넘겼다며 아버지를 일반병실로 옮겼다. 어머니와 누나는 거의 병원에서 살다시피 했다. 홍 대리는 주말 간호를 도맡았다.

홍 대리가 병원에 도착했을 때 다른 환자들은 재활 치료를 받으러 갔는지 병실 안이 고요했다. 홍 대리의 아버지는 여전히 눈을 감고 잠을 자는 듯 보였다. 아버지가 병실에 있은 지 보름쯤 되자 병실에도 많은 사람이 들고 났다. 아버지의 침대 옆에도 새로운 사람이 들어왔다. 사십 대쯤으로 보이는 젊은 사람인데 의식도 있고, 식사도 가능하며, 옆에서 도와주면 휠체어를 타고 재활 치료도 다닐 정도였다. 그러나 항상 해맑게 웃는 그도 말투나 행동은 조금 어눌했다.

홍 대리는 누워만 계시는 아버지에게 뭐라 말이라도 붙여야지 싶었다.

"아버지, 어서 회복하셔야지요. 저 장가가는 것도 보셔야 하고요."

아버지는 묵묵부답이었다. 그래도 홍 대리는 계속 대화를 시도했다.

"승수 아버지는 좋겠네. 아들이 이렇게 지극정성이고."

어머니였다. 어머니는 홍 대리가 놀랄 정도로 강인한 모습을 보였다. 병간호만도 힘들 텐데 도시락까지 챙겨서 다니며 지극정성이었다. 아버지에게 으르렁대던 모습은 온데간데없이, 아버지가 꼭 회복할 거라고 믿는 믿음은 어머니가 가장 강했다. 그런 어머니의 모습에 홍 대리도 의지가 될 정도였다.

"저기……. 옆 침대 분 안 계신가요?"

누군가 병실에 들어서며 물었다.

"아, 재활 치료받으러 가셨습니다. 아마 시간이 좀 걸릴 텐데, 누구라고 전해드릴까요?"

"아닙니다. 이따가 다시 들르겠습니다."

낯선 사람이 나가자 어머니는 구구절절 옆 침대 사람의 사연을 들려주었다.

"교통사고란다. 저 사람은 보험회사 사람 같은데, 이 사람한테 어떻게든 유리하게 해주려고 수시로 왔다 갔다 하는 모양이야. 사람이 저 지경이 됐는데, 사고를 낸 가해자는 어떻게든 적은 액수로 합의를 보려고. 쯧쯧……. 사람들도 다 혀를 차면서 이야기한다니까. 듣는 나도 이렇게 맘이 쓰이는데, 갑자기 웬 날벼락이냐. 앞날이 저렇게 창창한 사람을……. 애가 아직 다섯 살이라더라. 조정이 잘 안 되면 소송도 할 수 있는 거냐?"

"글쎄요. 저도 보험 관련 쪽은 잘 모르겠어요. 보험 회사가 있으니 알아서 해주지 않을까요?"

어머니는 숨을 한 번 크게 쉬더니, 창가 쪽에 걸어둔 마른 수건을 집었다. 물에 적셔진 수건으로 아버지의 얼굴이며 몸을 구석구석 닦았다.

'우리가 법을 너무 모르는구나. 그러니까 일이 생기면 그제야 겁을 먹고 사건 앞에서 작아지는구나.'

아버지가 쓰러지고 난 이후 홍 대리는 도통 법에 관심을 두지 못했다. 아버지가 의식을 회복하면 다시 공부를 시작해야겠다고 마음먹었다. 그냥 모르고 살아가기에는 곳곳에서 법의 도움이 절실한 일이 많이 벌어지고 있었다.

교통사고 합의 요령은?

: 교통사고처리특례법, 형법

교통사고의 합의는 '무엇을 합의하는 것인지' 그 내용에 대해 정확하게 표시해야 한다. 법원은 교통사고로 인한 손해배상에 대하여 ❶ 적극적 손해(치료비) ❷ 소극적 손해(사고로 인하여 취득할 수 있었던 이익의 손실액) ❸ 위자료(정신적 손해)로 구분하여 별개로 판단한다. 따라서 합의서 작성 시에는 위 세 가지 손해를 모두 합의하는 것인지, 일부만 합의하는 것인지를 정확하게 표시해야 한다.

특히 교통사고 피해자의 경우, '추후 이 사고와 관련해 일체의 민·형사상 법적 문제를 제기하지 않는다'는 취지의 문구를 합의서에서 보게 될 수 있다. 만약 합의 내용을 구체적으로 적어놓지 않고 이러한 문구가 들어간 합의서에 서명·날인했다가는 적극적 손해의 일부만 지급받고 소극적 손해와 위자료에 대해서는 전혀 권리를 구제받지 못하는 불상사가 생길 수 있다.

더불어 '향후 치료비에 대해서는 별도 합의한다'는 문구를 넣어두는 것이 좋다. 합의 이후에 예측 불가한 후유증이 발생할 수 있으므로 '현재 예측 가능한 상태에 대하여 합의하기로 한다'라는 문구도 넣어두어야 한다. 그러나 실제로 합의할 경우에는 이러한 문구를 서류에 기재하여 넣기에 매우 곤란한 상황이 발생한다. 따라서 합의서 작성의 전 과정을 녹음해두는 것이 좋다. 교통사고 처리에는 보험 회사의 직원이 개입하지만, 우리 측 보험 회사라고 해서 반드시 우리 측의 이익을 대변해주는 것은 아니라는 사실을 알고 있어야 한다. 따라서 대형사고의 경우에는 변호사를 선임하는 것이 좋다.

"어머니, 빌라는 어떻게 하셨어요?"

아버지가 누워 있는 시간이 길어지면서 홍 대리가 신경 쓸 일은 그만큼 늘어났다.

"업체에 맡겼다. 아버지가 일어나도 재활이랑 이런 거에 시간이 오래 걸린다고 하더구나. 이 양반 참, 고집만 안 부렸어도……."

어머니는 이 말을 하며 눈물을 훔쳤다. 아버지의 병증이 길어지면서 홍 대리는 병원에서의 생활도 일상으로 받아들였다. 회사 업무도 처음에는 집중하기가 힘들었지만 지금은 그 나름대로 최선을 다하고 있었다. 승연도 결국 아파트를 정리해 빚을 갚고 방 두 칸짜리 빌라로 이사를 갔다. 불행 중 다행인 것은 그곳에 있는 어린이집에 결원이 생겨 재영이가 어린이집에 다닐 수 있게 된 것이었다. 가족 모두 이제 아버지가 회복하는 일만 바랐다.

아버지의 소변 통을 비우기 위해 화장실로 가던 홍 대리는 복도에서 사람들이 싸우는 소리를 들었다. 엘리베이터 앞 휴게 공간에서 세 사람이 논쟁을 하고 있었다.

"아버지가 저렇게 쓰러져 계시는데 어떻게 나한테 연락 한번을 안 해?"

"아니, 형. 우리는 형이 외국에 나가 있어서 들어오기도 어렵고 그러니까 그런 거지."

"아버지가 이 지경인데 장남인 내가 당연히 나와야지, 그게 말이 돼? 솔직히 아버지 재산 때문이 아니고?"

"아니 오빠는 무슨 말을 그렇게 해? 우리가 무슨 재산 때문에 그래? 아버지가 당장 돌아가시는 것도 아니고, 오빠가 멀리서 걱정할까 봐 그런 건데, 이렇게 얘기하면 우리가 섭섭하지!"

다른 사람들이 보건 말건 그들의 데시벨은 높아져만 갔다. 심심치 않게 들리던 이야기를 현장에서 직접 목격하고 나니 남의 일이 아니라는 생각이 들었다.

"엄마, 그 빌라 말이야. 그거 엄마 명의로 되어 있지?"

홍 대리가 나간 틈에 승연이 조심스레 운을 뗐다.

"그래, 그건 왜 묻냐?"

"아니, 그냥. 그러면 양평에 있는 땅은 아빠 명의고?"

"그렇지."

"아빠 저렇게 누워 계시는 거 보니까, 살아계실 때 유산상속하는 게 낫지 않을까 싶어서. 돌아가신 다음에는 상속세가 엄청나다 네."

"네 아버지가 일어나면 그때 다시 얘기해보자."

"엄마, 그냥 그렇게 놔둘 문제가 아니라니까."

"난 모른다. 일단 아버지 깨어나시면……."

"그럼 엄마 빌라 담보로 나 대출 좀 해주면 안 돼?"

"빌라 사는데 우리도 모자라서 대출받은 거 알잖냐. 월세로 이 자랑 원금 갚는 걸 모르는 것도 아니고."

"그럼 땅이라도……."

"박 서방이 저지른 일 때문에 그러냐? 빚 다 갚았잖아."

"아파트가 아니라서 불편한 게 많아서 그래. 재영이도 그렇고, 어차피 주실 거 지금 필요할 때 주면 좋잖아."

어머니가 뭐라 말하려는데 홍 대리가 들어왔다. 홍 대리는 누나를 데리고 병실을 나왔다.

"누나, 지금 이런 때 꼭 그런 말을 해야겠어?"

"지금이니까 하는 거야. 이러다가 아버지 영영 의식도 없이 못 일어나시기라도 해 봐. 그땐 더 복잡해져."

"아버지가 못 일어나긴 왜 못 일어나셔? 꼭 일어나실 거야!"

"나도 아버지가 일어나셨으면 좋겠어. 근데 이런 문제일수록 냉정하고 객관적으로 생각해야 해. 너도 장남이니까 이런저런 생각

많이 해봤을 것 아냐?"

"난 그래도 누나가 이런 생각까지 할 줄은 몰랐네. 내가 누나를 잘못 알았던 것 같아. 힘들어서 그래? 작아도 살 집이 있고, 매형도 이제 정신 차리고 회사 잘 다닌다며."

"그래, 내가 힘들어서 그런다. 이럴 때 유산 얘기하는 게 뭐가 그렇게 나쁘냐?"

"누나!"

"그만들 해라! 시끄럽다."

홍 대리와 승연의 목소리가 높아졌는지 어머니가 나와서 만류했다.

"아버지 다 들으신다. 형제들끼리 이게 뭐 하는 짓이냐!"

어머니의 말에 홍 대리와 승연은 입을 다물었다.

"여긴 내가 있을 테니까 누나는 어머니 모시고 들어가."

"아니, 오늘은 내가 네 아버지 곁에 있어야겠다."

어머니는 한 손으로 눈물을 닦고, 한 손으로는 아버지의 손을 쥐었다. 그 순간, 어머니가 갑자기 눈물을 그치고 소리쳤다.

"승수 아버지!"

"왜 그러세요? 어머니!"

"이거 봐라. 너희 아버지가 내 손을 꽉 쥐었다! 여기 봐봐!"

"아버지! 아버지!"

온 가족이 아버지를 불렀다. 홍 대리는 얼른 밖으로 나가서 간호사에게 담당의를 불러달라고 부탁했다. 얼마 후 담당의가 들어왔다. 눈꺼풀을 열어 불빛을 비추자 아버지의 눈동자가 반응을 보였다.

"의식은 회복되셨습니다. 점점 좋아지실 것 같습니다."

말하는 의사도 좋은 소식이라 그런지 목소리가 밝았다. 아버지는 정말 의사 말대로 의식을 찾기 시작하면서, 눈에 띄게 호전되는 모습을 보였다. 얼마 후에는 눈을 떴고, 간단하게 말도 할 수 있게 되었다. 그러나 긴 문장은 여전히 어눌했고, 전달력이 떨어졌다. 의식 회복 후 달라진 점이 있다면 이제 아버지도 재활 치료를 받게 됐다는 점이다. 비록 다른 사람의 도움을 받아야 휠체어에 앉을 수 있지만 몸의 감각들이 조금씩 깨어났다.

커다란 호전 시기를 지나자 홍 대리의 아버지는 그만그만한 상태가 되었다. 대학병원에서는 규정상 다른 병원으로 옮길 것을 요구했다. 보호자 입장에서는 조금 억울한 생각도 들었다. 그래도 작은 병원보다는 대학병원의 치료가 나을 것 같았고, 이곳에 있으면 위험한 순간에 바로 적절한 치료를 받을 수 있기 때문이다. 인터넷을 뒤져보니 병원 회전율이 문제였다. 위험한 고비를 넘긴 환자는 위급한 환자를 위해 퇴원을 해야 한다는 것, 어떤 병원은 이런 일로 소송에 휘말린 경우도 있었다.

'의료 소송이 제일 어려울 것 같은데……. 아, 요즘엔 의료 전문 변호사도 있구나.'

몇 해 전 한 연예인의 가슴 아픈 의료사고로 의료사고 피해구제 및 의료분쟁 조정 등에 관한 법률 개정안이 통과된 사례도 있었다. 법은 변화의 과정에 서 있었다.

"나도 이제 혼자서 화장실도 가고 할 수 있으니까 집으로 가자!"

아버지는 퇴원을 하겠다고 고집을 부렸다. 하지만 어머니의 쓴소리를 듣고는 이내 재활이 가능한 다른 병원에서 좀 더 치료를 받기로 하였다.

법률 Cafe

한 아티스트의 죽음으로 피워낸
환자의 권리(신해철법)

: 의료사고 피해구제 및 의료분쟁 조정 등에 관한 법률(의료분쟁조정법), 의료법

의료사고 피해구제 및 의료분쟁 조정 등에 관한 법률은 의료인의 과실로 환자에게 상해나 사망 등의 사고를 일으켰을 경우, 그 상황에 따른 의료분쟁의 처리와 관련한 사항을 규정한 법률이다. 1989년부터 제정 논의가 이

루어졌지만 의료사고 발생 시 의료과실의 책임 여부를 판단하기 어려운 것과 쟁점 사항 조율의 미흡 등의 이유로 수차례 법안이 발의됐다가 폐기된 바 있다. 이후 17대 국회에서 다시 논의, 2011년 4월 7일 제정됐으며, 2012년 4월 8일부터 시행됐다.

2014년 10월 장 협착과 위 축소 수술을 받은 가수 신해철 씨의 죽음 이후 의료사고에 대한 관심이 증폭되면서 '신해철법'이라는 법안의 별칭이 붙었다. 이후 2016년 11월 30일 개정 시행된 법안은 의료사고로 사망, 1개월 이상 의식 불명, 장애등급 1급(자폐성·정신장애 제외) 등의 중대한 피해를 본 경우 의료기관의 동의 없이도 한국의료분쟁조정중재원에서 분쟁 조정 절차를 시작할 수 있도록 했다.

종전까지 피해자가 한국의료분쟁조정중재원에 조정 신청을 해도 의료인이 동의하지 않으면 조정 절차를 밟지 못하고 곧장 법원으로 가 병원과 법정 공방을 벌여야 했던 것과는 대조적이다. 다만 조정 신청의 남발을 막고자 개정안에서는 '사망 또는 대통령령으로 정하는 중상해'로 대상을 제한하고 있다. 이러한 의료분쟁조정법은 조정 신청일로부터 120일 이내에 조정 결정을 내려야 한다. 종전에는 의료 소송을 진행할 경우 1심판결이 나오기까지 평균 26.3개월이 소요됐는데, 신해철법은 이런 소송의 장기화를 줄일 수 있게 해주었다.

또한 소액 의료분쟁 사건은 합리적인 비용(2만 2000원, 조정 신청액에 따른 추가 비용 별도)만 있으면 조정 신청을 할 수 있다. 이렇듯 소송을 진행하기 위한 시간과 비용을 덜어줘 의료사고의 공정한 해결을 국가가 지원한다는 것이 신해철법의 진정한 의미다.

신해철 사건을 계기로 의료행위에 관한 설명 의무를 강화한 개정 의료법 역시 2016년 12월 신설되었다(의료법 제24조의2). 이 개정 의료법에 따르면 의사(치과의사와 한의사를 포함)는 사망이나 신체에 중대한 손상을 가져올 위험이 있는 수술, 수혈, 전신마취를 하기 전 환자 본인이나 법정대리인에게 반드시 설명하고, 문서로 동의를 받아야 한다. 이를 어긴 의료인에게는 300만 원 이하의 과태료를 부과해 의료인에게 그 의무를 다하도록 강제하고 있다(의료법 제92조). 이처럼 한 아티스트의 죽음은 의료분쟁에 대한 국민의 관심을 높인 것과 동시에, 의료분쟁에 대한 합리적인 분쟁 해결의 기준을 마련하는 노력으로 이어졌다.

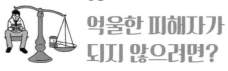

03
억울한 피해자가
되지 않으려면?

"홍 대리! 오랜만에 얼굴 보는 것 같네. 아버지는 좀 어떠셔?"

"회복 중이십니다. 이번에 요양 병원으로 옮기세요."

"회복하셨다니 다행이네. 점점 좋아지실 거야."

홍 대리는 남 대리와 이렇게 평범한 대화를 할 수 있다는 사실이 놀라웠다. 또한 아버지 소식을 이렇게 웃으면서 얘기할 수 있다는 데 감사했다.

"아버지와 함께한 모든 시간이 눈부셨다. 날이 좋아서 날이 좋지 않아서 날이 적당해서 모든 날이 좋았다."

옆에 있던 여직원이 실소했다. 홍 대리는 오랜만에 듣는 남 대리의 실없는 농담이나 제스처가 싫지 않았다.

"날이 좋아서 내가 한강에서 자전거를 탔는데 말이야. 운동을 하던 어떤 남자가 빠른 속도로 달려오던 자전거에 치였어. 치료비로 얼마가 나온 줄 알아?"

"자전거에 치였는데 얼마나 나왔으려고요."

여직원은 남 대리의 말에 코웃음을 치며 말했다.

"자그마치 380만 원이 나왔어. 꼬리뼈 골절에 뇌출혈까지. 그런데 그 운전자가 적어주고 간 이름이랑 전화번호가 가짜였던 거야. 게다가 자전거 운전자는 헬멧에 선글라스까지 쓰고 있어서 얼굴을 알아볼 수가 없었던 거지. 경찰에 신고를 했는데도 범인을 찾기 힘들다는 거야. 더 억울한 건 자동차 교통사고 뺑소니는 혐의가 있지만, 자전거 운전자는 뺑소니를 친다고 해도 도로교통법상 약간의 벌금만 내면 된다는 사실이지. 자전거 사고도 엄연한 교통사고인데 말이야."

"그런데 남 대리님은 그걸 어떻게 그리 세세하게 알고 계세요? 자전거에 치이신 분하고 친구에요?"

"난, 날이 좋아서 날이 좋지 않아서 한강에……."

남 대리는 흰소리를 잘하긴 했지만 법에 대해서는 틀린 적이 없었다. 홍 대리도 그의 말이 영 미심쩍을 땐 자료를 찾아 대조해보기까지 했지만, 늘 정확했다.

'그놈의 자아도취만 없었다면 제법 친해졌을 텐데…….'

또 혼잣말을 늘어놓는 남 대리에게 홍 대리는 엘리베이터나 타라며 다그쳤다.

"날이 좋아서 날이 좋지 않아서 날이 적당해서 홍 대리가 하는 말이 좋았다. 어때? 나의 응용력이?"

가벼운 웃음이 일며 엘리베이터의 문이 닫혔다. 홍 대리는 남 대리의 말에 고개를 흔들며 저 몹쓸 병을 고치기 바랐다.

어머니에게 '형님'이라 부르는 친한 아주머니 한 분이 홍 대리 아버지의 병문안을 왔다.

"저번보다 좋아 보이시네. 다행이야. 형님."

"그렇지? 지금 재활 치료 열심히 받고 있으니까 곧 있으면 지팡이라도 짚고 다닐 수 있겠어. 어서 빨리 그런 날이 와야 할 텐데."

"걱정 마세요, 형님. 아휴."

"근데 자네는 웬 한숨을 그렇게 쉬어?"

"이번에 제 아들이 교통사고를 당했잖아요. 왜 집 근처 신호등 없는 곳 아시죠? 그렇게 거기서 사고가 자주 나는 것 같길래 늘 조심하라고 일렀거늘……."

"아 거기! 그러게 나도 거기에서 사고 날 뻔했다니까. 갑자기 고양이가 튀어나왔는데 보여야 말이지."

"그러게나 말이에요. 신호등이라도 있으면 그나마 나을 것 같은데, 저도 이번에 민원 넣었어요. 막상 우리 아들이 사고를 당하니 정신이 번쩍 들더라고요. 근데 자동차로 친 녀석이 제 엄마 차를 끌고 나와서 사고를 낸 모양이에요. 뭐 애들 말로는 보험도 제대로 안 들어놓아서 문제가 된다나 봐요. 젊은 애가 벌써 다리에 철심 박는 수술도 하고……. 그런데 보상도 제대로 못 받을 것 같아서 아직 합의도 못 하고 있잖아요. 일은 앞으로 6개월까지 못 할 것 같아요."

"세상에, 뭔 그런 일이. 보상을 제대로 안 해준다면 경찰에 신고를 해!"

"그러면 될까요?"

"그쪽에서 감옥에 갈지도 모르는데 가만히 있으려고? 우리 막둥이가 이 얘길 들었으면 좋았을 텐데."

"형님 아들 그냥 회사 다니는 거 아니고요?"

"그렇긴 한데. 우리 아들이 아는 변호사 선생님도 많고, 법을 좀 알아."

"그럼 형님 아들한테 어떻게 해결할 방법이 좀 없는지 물어봐줘요."

어머니는 으쓱해하며 그러겠노라고 약속했다. 퇴근 후 병원에 들른 홍 대리에게 어머니는 이야기를 들려주었다.

"정확하게 사실관계를 확인하는 게 먼저예요. CCTV나 블랙박스 영상은 확인하셨데요? 혹시 목격자가 있는지도 알아보시고, 사고 직후 경찰에서 조사한 내용이랑 119구급차 기록 등은 확인해 두시는 것이 좋아요. 그래야 상대방의 잘못을 정확히 지적하고 법적인 조치를 할 수 있어요. 그리고 종합 보험에는 가입이 되어 있을 텐데, 부모 차량을 몰래 가지고 나온 거라면 보험에서 배상이 되는 건인지도 확인하셔야 해요. 상대가 확실히 잘못한 경우라면 고소장을 접수하고 민사 소송을 준비하라고 하세요. 손해배상 청구도 그렇고. 그렇게 하면 가해자에게 압박이 될 거고, 가해자든 가해자 부모든 배상 절차에 적극적으로 나올 거예요. 특히 치료비라든가 일실이익, 휴업손해, 위자료 등으로 승소 판결을 받아두면, 나중이라도 가해자 측 재산을 압류할 수 있거든요. 가해자 측이 현재 재산이 없다고 해서 그냥 놔두면 나중에 입증하기 어려워질 수 있어요."

홍 대리는 그간 배운 지식을 총동원해 설명했다. 아마도 자신에게 부탁을 한 분은 지푸라기라도 잡고 싶은 심정이었을 것이리라. 그러니 자신과 같은 문외한에게 손을 내밀었겠다는 생각을 했다. 세상에는 사건, 사고가 넘쳐났다.

'제대로 알지 못하면 당한다.'

다시 한번 법을 알아야 한다는 당위가 훨씬 더 커졌다.

"막둥아, 네 전화기 계속 울리더라."

화장실에 갔다 온 홍 대리에게 어머니가 말했다. 금요일 저녁에
는 회사에서 웬만하면 전화를 넣지 않는데, 이게 무슨 일인가 싶
었다. 게다가 최우빈 팀장에게서도 짧은 메시지가 와 있었다.

"홍 대리님! 인터넷 검색 빨리요!"

실시간 1위에 오른 건 홍 대리의 회사에서도 취급하고 있는 제
품이었다. 제품에서 바이러스가 검출됐다는 기사가 쏟아졌다. 회
사에서 이 일 때문에 난리가 났다는 것은 따로 전화해보지 않고도
알 수 있었다. 다른 회사의 경우 품질관리부서에서 법무팀과 함께
재빨리 대응 시스템을 가동하지만, 홍 대리가 다니는 회사처럼 작
은 규모의 회사에서는 아무래도 일을 수습하는 데는 골든타임을
지키기가 어렵다.

홍 대리는 아버지의 얼굴을 한번 살피고는 다시 회사로 향했다.
일단 출발하기 전 최우빈 팀장에게 대응 방법에 대한 조언을 구하
는 메시지를 보내두었다.

"사장님이 사하라에 자문을 구했다고 하니, 그쪽에서 움직이는
상황을 보고 우리도 빨리 대응해야겠다."

서 과장을 비롯해 직원들이 거의 빠짐없이 나와 있었다. 당장
고객들의 전화를 받는 데 직원들이 총동원됐다. 사하라에서 알려
준 지침에 따라 홈페이지에는 상품 회수에 대한 공지와 환불에 대
한 안내문을 게시했다. 최우빈 팀장의 회사인 한솔유통에서도 수

습 팀이 꾸려졌고, 사실관계 확인 및 대책 마련을 위해 직원들이 투입되었다. 제품에서 바이러스가 검출되었다는 보도는 불행하게도 사실로 밝혀졌다. 이미 해당 제품을 취급했던 많은 회사에서 제품에 대한 반품과 보상을 어디까지 적용할지 구체적인 논의를 진행하고 있었다. 최우빈 팀장은 공급업체 공장에 나가 있는 직원과 수시로 소통하며 필요한 서류와 사건 대응을 위한 준비를 시작했다. 최우빈 팀장은 밤늦게서야 홍 대리에게 전화를 걸었다.

"최우빈입니다. 연락 기다리셨죠? 사안이 사안인지라 늦었습니다. 사하라 김훈석 대표님 잘 아시죠? 그쪽에서 홍 대리님 회사 대응 일을 맡았다고 들었습니다. 김 대표와 저는 친분이 깊고, 이번 사건에는 우리나라 유통업체가 여럿 걸려 있어서, 서로 같이 대응을 하는 게 더 좋은 해결책을 끌어낼 거라고 생각합니다."

"바쁘실 텐데 저한테까지 연락을 주시고 감사합니다."

소비자들의 반품 요구는 이미 쇄도했다. SNS를 통해 불매 운동도 확산되었다.

'골든타임을 놓치지 않아 다행입니다. 심각한 피해자는 발생하지 않은 것 같습니다.'

최우빈 팀장이 보내온 짧은 메시지였지만 이 말 한마디가 홍 대리를 안심시켜 주었다. 거친 풍랑 앞에 속수무책이던 회사는 구조선을 만난 배처럼 법의 도움을 받아 안정되었다.

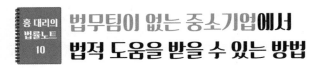

홍 대리의 법률노트 10
법무팀이 없는 중소기업에서 법적 도움을 받을 수 있는 방법

:   중소기업의 설립 · 운영 · 소멸에 이르는 전 과정에서 발생하는 법률문제는 법무부의 '9988중소기업법률지원단' 소속 법률 전문가들을 통해 상담 및 자문 서비스를 구할 수 있다.

1. 법률 지원 분야

중소기업법률지원단은 기업 설립, 정관설계, 주식분할, 소각, 지배구조 개선, 채권 회수, 지적 재산권 보호, 파산, 회생 등 중소기업 관련 제반 법률문제에 관한 상담 및 자문을 지원한다. 다만, 기업 경영과 직접 관련이 없는 경영자 개인의 법률문제나 지적 재산권 보호 등의 일반 형사사건(불법 행위로 대표자나 종업원이 고소 · 고발된 사건 포함)은 상담 대상에서 제외된다.

2. 대상 기업

중소기업기본법에 따라 중소기업의 범위에 해당하는 기업에 한하여 법률지원 서비스를 이용할 수 있다.

3. 상담 신청 방법

전용 상담 전화(02-3418-9988)나 팩스(02-2110-0331), 홈페이지(www.9988law.com)를 이용한다. 홈페이지는 연중무휴로 접수를 받고, 그 밖의 방법으로는 월·수·금 09:00~18:00, 화·목 09:00~21:00에 상담을 신청할 수 있다.

04
아름다운
유산

"자네처럼 건강하던 사람이 이게 웬일인가. 나이 든 게 죄지."

"나, 조금씩, 조, 좋아지고 이뗘."

"맞아요. 이 양반이 얼마나 열심히 재활을 받는데요. 이제 손으로 과일도 집을 수 있어요. 전에는 입도 짧던 양반이 이제는 아무거나 얼마나 잘 잡수시는지."

"이렇게 회복하니 자네 복일세. 그리고 제수씨가 이렇게 정성껏 돌봐주시니 이것도 진짜 복이야."

"그러믄."

홍 대리의 아버지는 과일을 깎던 어머니의 손을 꼭 쥐었다. 어머니는 그런 아버지의 입에 과일 한 쪽을 넣어주었다.

"늘그막에 자네는 운이 텄네, 텄어. 애들도 잘하지?"

"그러믄, 아들, 나, 나마다, 와."

"자네도 미리 유산상속 같은 거 해두면 어때? 나중에 시끄러워지는 것보다는 낫겠더라고. 난 벌써 해두었네. 왜 있잖아. 내 친구 중에 제일 잘나가던 석구 말이야. 세상에 재산이 70억 원이라나 뭐라나. 그 집 지금 난리도 아니잖아. 갑자기 저번 달에 쓰러져서는 영 일어나지를 못했어. 자네도 누워 있으니 내 말은 못 했는데, 장례식 때만 해도 그렇게 우애 좋아 보이던 식구들이 지금은 소송 중이래잖아. 상속 지분대로 나눈 걸 큰아들이 못 받아들이겠다고 소송 걸고, 석구 와이프는 또 맞소송을 하고. 그놈은 아마 죽고 나서도 제대로 눈도 못 감을 거다."

아버지의 친구는 몇 번이나 혀를 찼다.

"세상에, 재산 때문에 형제간에 싸운다는 소리는 들었어도 어미가 자식이랑 소송한다는 건 또 처음이네요."

"그게 다 살려고 하니, 왜 요새 고령화사회, 고령화사회 하지 않습니까? 다들 생각보다 훨씬 오래들 사니, 사는 게 걱정이지요. 자식들 다 줘버리고 나면 부모는 뭘 먹고 삽니까? 자식도 중하지만 자신도 중요하지요. 안 그래요?"

"그건 그렇지요."

"그래서 제수씨네도 건물 마련한 거 아니에요? 이 사람이 건물 하나 사서 제수씨 이름으로 해준다고 얼마나 애를 썼는데요. 우리

집은 일본이나 미국처럼 시골 부모님이 살던 집이랑 땅 조금 해서 신탁 같은 데 맡겨보려고 했는데, 와이프한테 듣고 보니 몇 가지 문제가 있더라고요. 여러모로 어떻게 하는 게 좋을지 생각 중입니다. 살아 있을 동안에는 늙은 우리를 위해 쓰는 게 맞고, 우리가 죽고 난 다음에도 물려줄 게 있으면 그때 자식이 받는 거지. 요새는 생전에 상속해주는 것보다 사후에 상속해주는 쪽도 늘어난다고는 하더니만……."

"듣고 보니 남의 일이 아니네요. 괜히 얼마 안 되는 재산 가지고 자식들이 싸우는 꼴을 보느니 부모가 미리 결정해두는 것도 좋겠네요."

"아픈 사람만 서럽지. 얼른 회복해서 나랑 같이 전처럼 산에도 가고 그러세."

어머니는 손님이 돌아간 후 그간 승연에게 있었던 사정을 아버지에게 넌지시 이야기했다.

"지금은 박 서방이 그래도 정신을 차린 것 같지만, 그놈의 주식도 도박처럼 무섭다고 합디다. 아파트 할부금 남았던 거랑 재영 아빠가 빌린 대출금 갚고 나니까 그게 얼마나 남았겠어요. 남은 돈으로 겨우 보증금 넣어 월세 살고 있나 보더라고요. 집 명의랑은 다 승연이 이름으로 했고요. 근데 걔도 꼼꼼하지 못하고 돈 굴릴 줄 몰라서 애당초 재영 아빠가 관리하던 거 아니겠어요. 언제

쯤에나 돈을 모아서 집을 장만할는지……."

"우리 거, 건물, 월세 받지 말고, 드, 드, 들어가 사, 살라고……."

"저도 기한 되면 방 하나 빼서 그럴까 하고 생각하고 있었어요. 조금 불편하기는 해도 일단 월세 들어가는 게 없으면 돈 모으기가 그래도 낫지 않을까……. 아까 당신 친구 이야기처럼 우리도 뭔가를 하긴 해야 할 것 같아요. 승수 장가도 보내야 하고, 우리도 자식들한테 기대서 살 수는 없잖아요. 고생을 좀 하긴 했지만 그래도 당신이 잘한 거 같수. 건물이 있으니 우리 노후 대책은 그래도 어떻게든 되지 않겠어요. 나중에 정 안 되면 대출금은 지금 살고 있는 아파트 처분하면 되고."

아버지는 또 다른 손으로 어머니의 손등을 두드렸다.

"유산상속을 두고 소송이 벌어지는 사례가 최근 몇 년간 두 배 이상 늘고 있습니다. 유산 분쟁은 누구에게나 벌어질 수 있고, 앞으로도 계속 늘어날 전망입니다. 가족 간에 일어날 수 있는 다툼을 어떻게 하면 방지하고, 또 잘 해결할 수 있을까요?"

병실 누군가가 텔레비전 채널을 바꾸었다. 때마침 유산을 둘러싼 갈등 문제에 대한 뉴스가 나왔다.

"세상에, 요새는 집 하나 있는 걸로도 서로 소송하고 그런다더니. 세상이 어떻게 된 건지. 돈이 웬수에요, 돈이. 근데 저 유류분 반환이란 게 뭔가 하면 재산을 받지 못한 사람이 도로 재산을 찾아오는 거라던데요? 지금 저기 뉴스에서 말하는 것도 그런 것 같은데……."

아버지는 말없이 텔레비전만 바라보았다. 병실에서는 유산상속에 대한 문제보다 상속을 둘러싼 가족 간의 갈등과 싸움, 그로 인해 벌어지는 일들로 혀를 차며 이야기꽃을 피웠다.

"생각보다 더 많은 일이 벌어지네요. 유산 때문에."

"혀, 현실이."

"맞아요. 우리와 동떨어진 먼 얘기가 아니라 현실이에요. 현실."

어머니는 아버지의 말을 알아듣고 맞장구를 치며 한숨을 길게 내뱉었다.

아버지의 의식이 돌아온 후부터 누나는 더 이상 유산을 운운하지 않았다. 누나도 누나지만, 홍 대리는 그런 이야기가 나오게 된 데까지 매형이 뭔가 입을 뗐다는 생각이 들었다. 화가 나기도 했고, 누나에게도 매형에게도 너무 섭섭하다는 생각이 들었다. 그 뒤로 왠지 누나와 매형을 마주치는 일이 껄끄럽기도 했다. 누나는 형제니까 그렇다고는 하지만 매형에게 더 미운 마음이 드는 건 어쩔 수 없었다. 병원에서 살다시피 하는 나이 든 어머니도 걱정되었다. 간병인을 쓰자는 홍 대리의 말을 어머니는 단칼에 거절했다.

"내가 남들처럼 직장을 다니는 것도 아니고, 그건 싫다."

다행히 병실에는 상주하는 간병인이 있었다. 그런데도 어머니는 아침 일찍 병원에 나갔다가 아버지가 저녁 드시는 걸 보고는 집으로 돌아왔다.

"엄마, 엄마까지 누우면 큰일이에요. 힘들면 좀 쉬고."

"걱정 마라, 내가 알아서 할테니까. 내가 아프면 네 아버지는 누가 돌보냐. 내 몸은 내가 안다."

"누가 어머니 효부상이라도 줘야 하는 거 아니에요?"

"지금 이 애미를 놀리냐? 이 녀석이."

"놀리긴요. 엄마가 아버지 구박을 좀 하셨어요?"

"그랬지. 그런데 네 아버지가 막상 저러고 나니까 자식이 다 무슨 소용이냐. 그래도 평생을 같이 살아서 속속들이 잘 알고 있는데. 네 아버지가 백배 낫다. 어디 아프다고 하면 다정한 말 한마디는 못해도 어느새 보면 약봉지가 놓여 있고. 그 많은 세월을 같이 지냈는데 내 맘을 제일 잘 알아주는 건 네 아버지지."

어머니는 무슨 생각을 했는지 빙긋 웃으며 말했다.

아버지는 요양 병원에 입원한 뒤 두 달째부터 한쪽 팔과 한쪽 다리를 움직일 수 있게 되었다. 몸을 조금이라도 움직일 수 있으니 아버지가 스스로 할 일은 더욱 많아졌다. 누가 휠체어를 가져다주면 힘들게 오랜 시간을 오르긴 해도, 그것을 타고 산책하러 다닐 수도 있었다. 그 뒤로 아버지는 한사코 오전 시간에는 어머니를 집에서 쉬게 했다.

어느 날 아버지의 호출로 가족 모두가 모였다. 말씀이 아직 어눌한 아버지를 대신해 어머니가 호출 내용을 전했다.

"네 아버지 이렇게 쓰러지고 나서 여러 생각이 들었다는구나. 특히 재산 문제 말이다. 많지는 않지만 정리를 미뤄두면 안 될 것 같았다니, 막내 네가 이것저것 알아보고 아버지에게 알려드려라."

"아버지, 이제 회복하시기만 하면 되는데 왜 그런 말씀을……."

"미리 해놓는 게 나중에 세금도 덜 내고 너희들한테도 좋다며. 물론 빌라는 내 명의인 거 알지?"

"그럼요. 두 분 하시고 싶은 대로 하세요."

"녀석, 장남씩이나 돼서는 이렇게 헐렁해가지고……."

홍 대리는 슬쩍 눈시울이 붉어져 얼른 자리에서 일어났다. 아버지도 이미 눈치를 챘겠지만 그래도 아버지 앞에서 눈물을 보이기는 싫었다.

'아버지는 언제부터 저런 생각을 하셨을까.'

아버지도 병원에 오래 누워 있다 보니 이런 소리 저런 소리, 이 꼴 저 꼴 다 봤을 것이다. 그러면서 자신 앞에 닥친 현실을 실감했을 것이다. 부모님의 말씀처럼 인터넷에는 유산상속에 관한 갈등, 그에 대한 문의가 한도 끝도 없었다. 홍 대리는 오히려 아버지의 재산이 많지 않고, 형제자매도 누나뿐이라는 게 다행이라는 생각이 들었다. 많은 사례를 보다 보니 멀쩡하던 사이도 큰돈 앞에서는 틀어지는 경우가 있었다.

'우리 가족에게 맞는 가장 좋은 해결책은 뭘까?'

:   부모님(피상속인)의 사망 후 상속에 따라 발생하는 가족 간
불화를 방지하기 위해 올바른 유언 방식을 통한 유언을 남길 필요가
있다. 우리나라는 특히 죽음에 대한 준비가 평소에 익숙하지 않아 잘
못된 유언으로 가족 간 법정 분쟁을 벌이는 경우가 많다. 이러한 분쟁
을 방지하기 위해서라도 전문 변호사의 자문을 충분히 구하고 법률
상 하자가 없는지도 신중히 검토할 필요가 있다.

1. 유언의 요건을 갖췄는지 꼼꼼히 확인한다

유언은 피상속인이 살아생전에 자신을 둘러싼 재산 및 가족관계 등의 법적 분
쟁을 방지하고자, 사후 법률 관계를 명확히 처리하려는 유언자의 최후 의사표
시다.

자필 증서에 의한 유언일 경우 유언자의 주소와 성명, 내용 등이 자필로 작성되
어야 하며, 유언을 작성하는 연월일을 기재하고, 날인하는 것 등의 요건을 갖추
어야 한다. 이 중에서 한 가지라도 빠져 있다면 그 안에 적힌 유언의 내용까지

인정받을 수 없게 되기도 한다.

또한 요건을 모두 구비했다고 해도 형제들이 유언장 자체의 효력을 부인할 경우, 소송을 통해 유언 확인을 구하고 유언의 내용대로 재산을 배분하기 위한 유언 증서의 검인 청구를 가정법원에서 할 수 있다. 간혹 유언장의 효력이 있고 없고를 떠나, 생전에 병든 피상속인을 부양하고 간호한 경우 등 도저히 유언의 내용을 받아들일 수 없는 경우도 있는데, 이때는 기여분이란 권리를 상속인에 한해 민법에서 인정하고 있다. 이때 모든 상속인은 액수를 합의해 정할 수 있으며, 만약 상속인 간의 원만한 합의를 기대하기 힘들다면, 당사자가 가정법원에 청구해 인정받을 수 있다.

유류분이라는 내용도 있다. 이는 망자가 재산을 전부 타인에게 이전한다는 등의 유언으로 재산을 처분할 경우, 상속인들의 생계 등을 고려하여 일정 부분을 유보하는 제도다. 유류분에 대해 권리를 갖는 액수는 직계비속과 배우자가 법정 상속분의 2분의 1이고, 직계존속과 형제자매는 법정 상속분의 3분의 1이다. 태아도 유류분에 대한 권리를 갖는다.

예를 들어 부친 사망으로 상속 재산이 9억 원 남았는데, 모친은 먼저 돌아가신 상태이고 자식이 A, B, C 세 명이라면 이들에게는 각 3억 원이 상속될 것이다. 그런데 부친이 생전에 유언장을 써두어 A에게 9억 원 전체를 상속한다는 유언을 했을 경우, 이 유언은 결론적으로 말해 절반의 효력만 발휘할 수 있다. 즉, 자식 B, C에게 3억 원의 절반인 1억 5000만 원만큼의 민법에서 정한 최소 보장 상속분(유류분)을 A를 상대로 돌려달라는 소송을 진행할 수 있다.

이러한 유류분반환 청구 소송은 권리를 침해받은 상속인이 원고가 되어 침해한 다른 상속인, 유언집행자, 증여받은 자, 유증받은 자 등을 상대로 소송을 제기해야 하며, 가사사건이 아닌 일반 민사사건으로 진행된다. 단, 이미 다른 상속인에게 증여된 재산을 반환하라는 소송인 유류분반환 소송은 유류분반환의 대상이 되는 증여재산의 당사자가 부모와 자녀이다 보니, 증여 당시에는 별도의 증여 계약서 등의 문서를 남겨놓지 않는 경우가 대부분이다. 또한 시간이 많이 흘러 증여를 해준 부모님이 사망한 이후에나 소송을 진행할 수 있어 증거를 수집하기도 쉽지 않다. 즉, 유류분반환의 키포인트는 얼마나 증여 사실의 증명을 잘하느냐에 달렸다. 따라서 자신에게 기여분이 인정되는지, 유류분은 어느 정도인지는 전문가와 상의하여야 한다.

2. 유언이 없다면 법으로 지정된 상속 순위와 액수를 따른다

부모님이 돌아가시기 전 재산을 어떻게 분배할지 유언장에 기록해놓았다면, 더불어 그 유언이 법에서 정한 방식에 따라 이루어진 것이라면, 가족은 이를 우선적으로 따라야 한다. 하지만 유언 없이 재산을 남기고 돌아가셨을 때는 법에서 정한 상속 순위와 액수를 따르게 된다.

우리나라 상속법은 배우자와 자녀를 가장 우선으로 고려하고 있다. 법에 명시된 상속 순위에 따르면 1순위는 직계비속으로 자녀, 손자녀, 증손자녀에 해당한다. 이때 아직 태어나지 않은 태아에게도 상속권이 있다. 만약 1순위에 해당하는 사람이 한 명도 없다면 다음 순위로 넘어간다. 2순위는 직계존속으로 부모,

조부모, 증조부모가 해당한다. 3순위는 피상속인의 형제자매, 4순위는 부모님의 4촌 이내의 방계혈족(삼촌, 외삼촌, 고모, 이모 등)이다. 같은 순위에 있는 사람들끼리는 상속 액수를 똑같이 나누어 갖는다.

피상속인의 배우자가 생존해 있다면 1순위 또는 2순위에 해당하게 된다. 예를 들어 남편이 사망했는데 자녀나 부모가 없는 경우 부인은 모든 것을 상속받지만, 자녀가 있다면 자녀와 함께 상속을 받고, 자녀 없이 부모가 생존해 있다면 부모와 함께 재산을 상속받는다. 상황에 따라 유산의 분배 방식이 달라지며, 재산 형성에 기여한 것을 인정받아 배우자는 다른 상속인보다 1.5배의 상속을 받게 된다.

05

법이라는 이름의
안전장치

홍 대리는 자신이 알아본 내용을 정리한 후 그 내용을 바탕으로 '무엇이든 물어봐, 법률'이라는 블로그에 질문할 계획이었다. 변호사처럼 전문적인 문제를 해결해주는 수준은 못 되지만, 법률적인 참고 자료를 얻기에는 꽤 유용하고 인기 있는 블로그다.

홍 대리도 자신의 블로그에 그간 일어났던 일들을 글로 조금씩 올렸고 그 덕분에 방문자 수가 늘었다. 이전까지는 이토록 많은 사람이 법과 관련해 갖가지 어려움을 겪는 줄 몰랐다. 개중에는 간단한 법률 상식만 있어도 해결할 수 있는 문제를 그냥 방치해두었다가 도리어 더 큰 화를 불러오는 경우도 있었다. 홍 대리는 조금이나마 알게 된 법에 대해 꾸준히 공부하면서 자신과 같은 사람들을 돕기 바랐다. 종종 들어오는 문의 글은 한 편 한 편이 남의 일 같지가 않았고, 홍 대리는 숙고를 거듭한 끝에 댓글을 달았다.

"저는 중학교 3학년입니다. 그런데 몇 년 전 저희 아빠는 사업을 하다가 빚을 많이 지게 되었습니다. 살던 집도 팔고 작은 방에서 엄마와 둘이 살고 있습니다. 엄마는 빚을 갚겠다고 밤늦게까지 일을 하지만 저와 생활하기에는 빠듯하답니다. 돈을 벌어오겠다고 나간 아빠는 몇 년째 돌아오지 않고 있습니다. 아빠가 가끔 걱정되기도 하지만 이제 아빠 걱정보다 엄마랑 제 앞날이 더 걱정입니다. 하고 싶은 것도 못하고 어떤 때는 저도 아르바이트를 하려고 여기저기를 기웃거립니다. 한번은 고등학생이라고 거짓말을 했다가 아르바이트비도 못 받고 쫓겨난 적도 있습니다. 그런데 더 절망적인 건 아빠가 집을 담보로까지 돈을 빌렸다는 것입니다. 지금 상태로는 아무리 시간이 지나도 이 빚을 다 갚을 수 있을지 모르겠습니다. 절대 못 갚을 것 같습니다. 혹시 커서 이 빚을 제가 다 갚아야 하는 것은 아닌가요?"

ID: 뫼비우스의빚

— "어린 나이에 그 엄청난 일을 겪었으니 정신적으로도 육체적으로도 많이 힘들겠네요. 일반적으로 상속이란 사람의 사망으로 인한 재산상 법률관계의 포괄적 승계를 의미합니다. 포괄적 승계는 부

모의 재산뿐만 아니라 빚도 상속되는 것을 의미하고요. 하지만 만약 상속 재산보다 빚이 많다면 상속포기 또는 한정승인 제도를 통해 빚의 되물림을 막을 수 있습니다. 상속포기의 경우가 상속 재산에 대한 일체의 권리 및 의무를 포기하는 것이라면, 한정승인의 경우는 상속 재산 내에서만 유증과 채무를 변제하는 것을 의미합니다. 부모의 빚 때문에 인생을 포기하는 일이 없기를 간절히 바랍니다. 희망은 있습니다. 용기를 내어주세요. 부탁합니다."

"몇 년 전 여자친구가 부추겨서 다니던 직장을 그만두고 함께 작은 사업을 했습니다. 옷과 신발을 파는 가게였는데, 여자친구는 자신이 가진 아이템과 네트워크라면 성공할 자신이 있다고 했습니다. 투자는 거의 제가 했고, 여자친구는 본인이 말하는 아이디어 하나만 가지고 왔죠. 동업자로 시작했지만 여자친구는 월급을 꼬박꼬박 받아갔고, 저는 매출이 적어 월급도 제대로 못 받는 일이 많아졌습니다. 저는 부모님과 같이 살고 있었지만 여자친구는 혼자서 보증금 얼마에 월세로 살고 있던 것이 안쓰럽기도 했습니다. 결론은 사업이 잘 안 됐고, 그러면서 여자친구와도 헤어졌습니다. 나중에야 몰래 마이너스 대출을 받은 것을 알게 되었습니다. 현재 저는 150만 원 정도의 월급을 받고 작은 회사에 다니고 있습니다. 이 돈에서 그녀가 빌린 대출 이자를 갚고 나면 제가 쓸 수 있는 돈은 얼마 되지도 않습니다. 전 여자친구에게 어떻게 대출금을 돌려받을 방법이 없을까요?"

ID: 그녀를믿지마세요

— "사업이 힘들어졌는데 여자친구와의 관계까지 어려워져 이중고를 겪으셨네요. 그 과정에서 남들에게 말 못할 억울함도 많았을 듯합니다. 일반적으로 2인 사이의 동업 관계는 민법상 조합으로 보는데, 민법상 합유물 재산을 처분 변경하는 경우에는 합유자 전원의 동의가 필요합니다. 동업자 일방이 마이너스 대출을 받았다면 불법행위에 기한 손해배상 청구 또는 부당이득 반환청구가 가능하며, 형사상 횡령배임죄 여부도 검토해볼 수 있습니다. 경우에 따라서는 탈퇴한 동업자가 정당한 이유 없이 사업의 운영을 방해하는 경우가 있는데, 이는 형법상 업무방해 등에 해당할 수 있고 이에 대해서는 불법행위 손해배상 청구(가압류 포함)도 가능합니다. 좋은 방향으로 잘 해결되길 바라겠습니다."

"저는 초등학교 6학년입니다. 친구들과 게임을 하고, 인터넷에 웃긴 글이나 댓글을 올리는 것이 취미입니다. 한번은 재미있는 연예인 얘기가 있어 그것을 친구들이 모인 카페로 그대로 펴왔습니다. 그런데 또 누가 그걸 다른 카페 게시판으로 펴갔습니다. 소송에 걸릴 줄은 정말 몰랐습니다. 저도 이제 10세 이상이라 처벌을 받는다던데……. 저희 부모님은 저 때문에 경찰서도 갔습니다. 저도 이제 제가 잘못 했다는 걸 알고 반성하고 있습니다. 어떻게 하죠?"

ID: 꼬마댓글러

—"고민 많이 한 게 느껴집니다. 살다 보면 실수를 할 수 있지만, 그 실수가 타인에게는 해가 될 수 있다는 것도 배우는 계기가 되었으리라 생각합니다. 형법에는 만 14세가 되지 아니한 어린이나 청소년은 '형사 미성년자'라고 하여, 범죄를 저질러도 형사 처벌을 할 수 없습니다. 그 이유는 만 13세 이하 어린이들은 자신의 행동을 책임질 수 있는 능력이 없다고 판단해서입니다. 그런데 소년법에서는 만 10세 이상, 만 19세 미만의 비행 청소년에 대하여 보호처분을 할 수 있습니다. 즉, 만 10세 이상에서 만 14세 미만의 비행 청소년도 소년원에 보내지거나 보호 관찰을 받을 수 있는 것입니다. 또 부모 등 보호자는 소년의 처벌 여부와 관계없이 피해자에게 민사상 손해를 물어 줄 책임을 지게 됩니다. 이번 일을 계기로 반성도 많이 했을 테지요? 부모님의 마음도 많이 아프셨을 것 같습니다."

홍 대리는 질문들에 정성껏 답변을 달면서 그간 자신이 느낀 감회도 블로그에 적었다.

"법이라는 것은 공동체 사회를 규율하는 질서입니다. 따라서 내 입장만, 또는 상대방의 입장만이 아닌 제3자의 입장에서 볼 때도 '용납'되어야 합니다. 예를 들어볼까요? 내 돈 100만 원을 빼앗아간 상대방에게 복수하기 위해 내가 그의 손가락 하나를 비틀어버리고자 했다고 가정해봅시다. 상대방이 용서를 구하면서 손가락을 도구로 내리치는 것에 동의한다고 하더라도, 이를 사회적 관점에서 볼 때는 용납할 수 없는 행위입니다. 따라서 이는 허용될 수 없습니다. 때로는 나로서는 전혀 이해되지 않는 일들이 가능한 게 법의 세계입니다. 이처럼 법의 세계에서는 나의 입장, 상대방의 입장, 제3자의 입장이 완벽하게 조화를 이루어야 한다는 것을 한 번쯤 생각해보셨으면 합니다."

물론 법을 알기 전에도 사람들은 상대방의 입장, 다른 사람의 입장을 고려한다. 다만 그 고려의 정도가 미약하다. 갈등의 양상이 그리 크지 않으면 한발 양보한 입장으로도 적당히 넘어갈 수 있지만, 극명한 이해관계가 충돌한다면 자기 입장에서 완전히 벗어난 혁명적인 발상의 전환이 필요하다. 내가 서 있는 이 위치에서는 도저히 볼 수도 없고, 상상조차 되지 않는 완벽한 반대의 입장을 상상해보아야 한다. 홍 대리는 자신에게는 거리를 둔 채 다른 사람의 자리에 서 보는 연습을 실행하는 중이다.

하지만 도저히 상상해보려 해도 이해되지 않는 입장이 있었다. 남 대리의 입장이다. 이번에도 남 대리는 그 신입을 붙들고 침을 튀기고 있었다.

"법의 세계에서는 나의 입장, 상대방의 입장, 제3자의 입장이 완벽하게 조화를 이루어야 한다고."

남 대리는 홍 대리가 블로그에 올린 글을 그대로 읊고 있었다.

"남 대리님? 그거 남 대리님 생각이에요?"

"뭐 그렇다고 볼 수 있지. 왜냐하면 나를 추종하는 내 제자가 자기 블로그를 열면서 평소에 내가 하던 말을 거기에 이렇게 올렸으니까."

홍 대리는 남 대리의 말에 의심이 되는 부분이 있었다. 점심시간에 남 대리를 따로 불러 보자고 했다.

"남 대리님 아까 그 법률에 관련된 블로그 말이에요. 남 대리님 제자가 만든 거라고 했는데, 혹시 남 대리님도 블로그 운영하세요?"

"그런데 말입니다. 이 사건에 대한 진실은 말입니다."

홍 대리는 시사 프로그램 진행자의 흉내를 내는 남 대리의 뒷말을 자르고 말을 재촉했다.

"사실 이건 비밀인데 홍 대리, 내가 법률에 관한 블로그를 하나 운영하는데 제법 인기가 있다고."

"그래요? 이름이 뭔데요?"

남 대리는 무슨 일급비밀이라도 되는 듯 홍 대리에게 귓속말을 했다.

"네?"

"아니, 왜 그렇게 놀라지 말입니까?"

'무엇이든 물어봐, 법률'의 주인장이 바로 남 대리였다.

'하여간 사람은 겉으로 봐서는 모른다니까.'

홍 대리는 피식 웃으며 남 대리에게 공감 어린 어조로 말했다.

"아, 아닙니다. 그런데 말입니다. 그 비밀을 왜 저한테 말해주지 말입니까?"

이번에는 남 대리 쪽에서 깜짝 놀랐다. 여태까지 누구도 자신의 몹쓸 흉내에 이렇게 진지하게 반응을 보여준 사람이 없었기 때문이다.

홍 대리는 새로 뽑은 차를 운전하며 휘파람을 불었다. 멀리 집 앞 사각지대에서 빛나는 초록 불이 보였다. 새로 생긴 신호등이었다. 최근 동네에서 홍 대리는 일명 '홍 변'이라고 불렸다. 이런저런 이웃 사람들의 고충을 듣고 법률적인 조언을 해준 일이 소문 나면서 홍 대리를 찾는 사람이 많아졌다.

"어, 김 변호사님!"

멀리 서 있는 김훈석 변호사를 발견한 홍 대리는 차 문을 내리고 반갑게 알은 척을 했다.

"홍 대리님!"

"뭘 그렇게 보고 계세요?"

"네, 저 신호등요."

"네?"

"신호등 말이에요. 이곳에 신호등이 생기니 참 좋아서요."

"아, 그렇죠? 저도 참 좋습니다!"

김훈석 변호사는 마을 변호사 일로 근처에 왔다며 함박웃음을 남기고 자리를 떠났다. 하나의 신호등이 세워지기 위해서는 많은 사람의 희생이 뒤따랐을 것이다. 거기에 관심 어린 사람들의 마음이 축적되었음도 분명하다.

홍 대리는 교통법규를 지키도록 돕는 신호등처럼, 법이 사람들 가까이에서 도움이 되기를 바랐다. 각자의 마음속에 깃들어 있는 법 정신을 일깨우기 위해 시민으로서 할 수 있는 모든 일을 하겠다고 마음먹었다. 변호사든 아니든 법에 대해 알리고 싶다는 마음이 들었다는 것만으로도 홍 대리의 가슴은 뿌듯했다. 신호등의 파란 불빛이 유난히 빛나 보이는 오후였다.

대법원 '나의 사건검색'
조회 방법

:   본인 또는 타인의 소송 사건도 사건번호와 당사자 이름만
알면 언제든지 그 사건의 진행 과정을 수시로 조회할 수 있다. 물론
종결된 사건의 검색도 가능하다. 대법원 홈페이지(www.scourt.go.kr)의
'나의 사건검색' 코너로 들어가 사건번호와 이름을 입력하면 내역을
확인할 수 있다. 해당 기재 내용에 대해서는 대법원이 법적인 책임을
지지 않지만, 재판 진행 상황을 확인하고 그에 따른 준비를 하는 데는
매우 유용하다. 즉, 상대방이 답변서를 법원에 제출하였거나 소송 과
정에서 필요한 조치를 하였을 때 등의 내용이 모두 검색되어 재판 대
응 및 타인의 사건 진행 경과를 파악하는 데 도움이 된다.
내용은 '사건일반내용'과 '사건진행내용'으로 구분되며, 사건일반내
용으로는 접수일과 제출 서류 등 기본적인 사안을, 사건진행내용으
로는 접수일부터 지금까지의 진행 과정 전부와 송달 및 도달 여부를
확인할 수 있다.
사건의 검색을 위해 아래 내용은 모두 필수적으로 입력해야 하는 사

항이니, 하나라도 빠짐없이 기재하도록 한다.

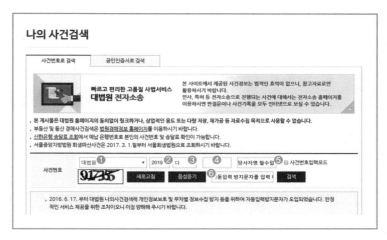

❶ 관할법원

❷ 원고가 소를 제기한 연도

❸ 사건분류번호 선택

❹ 나머지 사건번호

❺ 소송 당사자 이름

❻ 자동입력 방지문자

세상에서 가장 쉽고 재미있는 생활 속 법률 상식

법률 천재가 된 홍 대리

초판 1쇄 인쇄 2019년 2월 12일
초판 1쇄 발행 2019년 2월 18일

지은이 김향훈, 최영빈
펴낸이 김선식

경영총괄 김은영
책임편집 한다혜 **디자인** 이주연 **책임마케터** 이유진
콘텐츠개발1팀장 임보윤 **콘텐츠개발1팀** 이주연, 한다혜, 성기병
마케팅본부 이주화, 정명찬, 최혜령, 이고은, 이유진, 허윤선, 박태준, 김은지, 배시영, 기명리
저작권팀 최하나, 추숙영
경영관리본부 허대우, 임해랑, 윤이경, 김민아, 권송이, 김재경, 최완규, 손영은, 김지영, 이우철
외부스태프 일러스트 최광렬

펴낸곳 다산북스 **출판등록** 2005년 12월 23일 제313-2005-00277호
주소 경기도 파주시 회동길 357 3층
전화 02-702-1724 **팩스** 02-703-2219 **이메일** dasanbooks@dasanbooks.com
홈페이지 www.dasanbooks.com **블로그** blog.naver.com/dasan_books
종이 (주)한솔피엔에스 **출력·인쇄** (주)갑우문화사

© 2019, 김향훈, 최영빈

ISBN 979-11-306-2074-9 (03360)

• 책값은 뒤표지에 있습니다.   • 파본은 구입하신 서점에서 교환해드립니다.
• 이 책은 저작권법에 의하여 보호를 받는 저작물이므로 무단 전재와 복제를 금합니다.
• 이 도서의 국립중앙도서관 출판시도서목록(CIP)은 서지정보유통지원시스템 홈페이지(http://seoji.nl.go.kr)와
  국가자료공동목록시스템(http://www.nl.go.kr/kolisnet)에서 이용하실 수 있습니다. (CIP제어번호 : CIP2019003780)

다산북스(DASANBOOKS)는 독자 여러분의 책에 관한 아이디어와 원고 투고를 기쁜 마음으로 기다리고 있습니다.
책 출간을 원하는 아이디어가 있으신 분은 이메일 dasanbooks@dasanbooks.com 또는
다산북스 홈페이지 '투고원고'란으로 간단한 개요와 취지, 연락처 등을 보내주세요. 머뭇거리지 말고 문을 두드리세요.